essentials

essentials liefern aktuelles Wissen in konzentrierter Form. Die Essenz dessen, worauf es als „State-of-the-Art" in der gegenwärtigen Fachdiskussion oder in der Praxis ankommt. *essentials* informieren schnell, unkompliziert und verständlich

- als Einführung in ein aktuelles Thema aus Ihrem Fachgebiet
- als Einstieg in ein für Sie noch unbekanntes Themenfeld
- als Einblick, um zum Thema mitreden zu können

Die Bücher in elektronischer und gedruckter Form bringen das Expertenwissen von Springer-Fachautoren kompakt zur Darstellung. Sie sind besonders für die Nutzung als eBook auf Tablet-PCs, eBook-Readern und Smartphones geeignet. *essentials:* Wissensbausteine aus den Wirtschafts-, Sozial- und Geisteswissenschaften, aus Technik und Naturwissenschaften sowie aus Medizin, Psychologie und Gesundheitsberufen. Von renommierten Autoren aller Springer-Verlagsmarken.

Weitere Bände in dieser Reihe http://www.springer.com/series/13088

Ines-Jacqueline Werkner

Militärische versus polizeiliche Gewalt

Aktuelle Entwicklungen und Folgen für internationale Friedensmissionen

 Springer VS

PD Dr. Ines-Jacqueline Werkner
Forschungsstätte der Evangelischen
Studiengemeinschaft e.V.
Heidelberg, Deutschland

ISSN 2197-6708   ISSN 2197-6716   (electronic)
essentials
ISBN 978-3-658-17830-7   ISBN 978-3-658-17831-4   (eBook)
DOI 10.1007/978-3-658-17831-4

Die Deutsche Nationalbibliothek verzeichnet diese Publikation in der Deutschen Nationalbiblio-
grafie; detaillierte bibliografische Daten sind im Internet über http://dnb.d-nb.de abrufbar.

Springer VS

Gedruckt auf säurefreiem und chlorfrei gebleichtem Papier

Springer VS ist Teil von Springer Nature
Die eingetragene Gesellschaft ist Springer Fachmedien Wiesbaden GmbH
Die Anschrift der Gesellschaft ist: Abraham-Lincoln-Str. 46, 65189 Wiesbaden, Germany

Was Sie in diesem *essential* finden können

- Begriff der Gewalt
- traditionelle Ausrichtung und Aufgaben von Militär und Polizei und aktuelle Entwicklungen
- Ausrüstung und Ausbildung beider Gewalten
- rechtliche Rahmenbedingungen
- Folgen für internationale Friedensmissionen

Inhaltsverzeichnis

Einleitung

1

Fragen nach der Legitimität militärischer Gewaltanwendung gehören zu den Kernfragen friedenspolitischer und -ethischer Debatten. So erweist sich militärisches Handeln per se als problematisch, „denn es ist durch das, was unter Menschen nicht sein soll, bestimmt: Gewalt" (Ebeling 2006, S. 9). Angesichts der Forderung nach einer internationalen Schutzverantwortung *(Responsibility to Protect)* gewinnt die Frage militärischer Gewaltanwendung noch einmal eine völlig neue Brisanz und fordert Friedensforscher und -forscherinnen wie auch Ethiker und Ethikerinnen mehr denn je heraus.

Abseits traditioneller Kontroversen zwischen Pazifismus und dem Einsatz des Militärs als Ultima Ratio wird zunehmend auch die Frage verhandelt, welchen Beitrag internationale Polizeikräfte zur Konfliktbearbeitung und internationalen Rechtsdurchsetzung leisten können. Im Fokus dieser Überlegungen steht das Ziel der Gewaltdeeskalation und Gewaltminimierung. So würden sich Polizeieinheiten aufgrund ihres Aufgabenprofils und ihrer Ausstattung deutlich vom Militär unterscheiden. Inwieweit diese gegebenenfalls sogar an die Stelle militärischer Interventionen treten können, wird gegenwärtig beispielsweise in der Evangelischen Kirche in Baden diskutiert. In ihrem friedensethischen Diskussionspapier heißt es hierzu:

> Krieg scheidet als Mittel der Politik aus und darf nach Gottes Willen nicht sein! Daher muss der Tendenz gewehrt werden, den Krieg wieder als normales Mittel der Politik anzusehen [...]. In der Konsequenz bedeutet dies, auf militärische Einsätze zu verzichten. [...] In Ergänzung zu gewaltfreien Mitteln der Konfliktbearbeitung sind allein rechtsstaatlich kontrollierte polizeiliche Mittel ethisch legitim. In kriegsähnlichen Konfliktsituationen, die die nationalen Polizeikräfte überfordern, ist an internationale, durch das Völkerrecht legitimierte, z. B. den Vereinten Nationen unterstehende Polizeikräfte zu denken (EKiBa 2013, S. 10; vgl. auch ÖRK 2006, Ziff. 16; EKD 2007, Ziff. 104).

© Springer Fachmedien Wiesbaden GmbH 2017
I.-J. Werkner, *Militärische versus polizeiliche Gewalt,* essentials,
DOI 10.1007/978-3-658-17831-4_1

1

Das vorliegende Werk[1] knüpft an diese Debatten an und verhandelt die für diesen Kontext grundlegende Frage der kategorialen Unterscheidung militärischer und polizeilicher Gewaltanwendung sowie deren Folgen für internationale Friedensmissionen. Fokussiert wird auf die Kriterien Ausrichtung und Aufgaben, Einsatzmittel sowie rechtliche Rahmenbedingungen und damit auf die eher „harten" Faktoren beider Gewalten.

---

[1]Dieser Band geht auf den theoretischen Teil eines Projektes zu Just Policing zurück, das an der Forschungsstätte der Evangelischen Studiengemeinschaft entstand und von der Evangelischen Landeskirche in Baden finanziell gefördert wurde. Mein Dank gilt auch den Teilnehmerinnen und Teilnehmern des Forschungspraktikums an der Goethe-Universität Frankfurt a. M., namentlich Nidal Baklouti, Alexandra Beer, Simon Bethlehem, Carolin Lazarovici, Nico Lück, Maike Melles, Atia Sadiq, Laura Semmler, Elisabeth Suh, Alena Widder und Patrick Woschek, sowie Sabine Heizler, Forschungspraktikantin an der FEST, die im Wintersemester 2015/2016 die Interviews zu der empirischen Studie durchgeführt haben, auf die ich folgend nur punktuell Bezug nehmen kann.

Gewalt erweist sich nicht nur als ein schwer fassbarer, vieldeutiger und mehrdimensionaler Begriff, er ist auch in hohem Maße ambivalent, und das in doppelter Hinsicht: Gewalt kann einerseits der Zerstörung wie der Herstellung und Begründung sozialer Ordnungen dienen; andererseits kann sie Ausdruck sowohl der Gefährdung und Vernichtung von Leben als auch der Rettung desselben sein (Endreß und Rampp 2017). Da Gewalt für verschiedene Phänomene steht und je Verwendungsweise unterschiedliche, auch gegensätzliche Funktionen erfüllen kann, ist eine begriffliche Klärung unumgänglich. Das erfordert etymologische Konkretionen und Abgrenzungen zu verwandten Begriffen wie auch eine typologische Differenzierung.

2.1 Etymologische Konkretionen

Das deutsche Wort Gewalt geht auf den indogermanischen Wortstamm „val" bzw. auf das Verb „giwaltan"/„waldan" zurück, das für „Verfügungsfähigkeit über etwas besitzen", „Kraft haben", „Macht haben", „etwas beherrschen" steht (Faber et al. 1982, S. 835). Im Laufe der Entwicklung haben sich im deutschen Sprachgebrauch verschiedene Deutungen für den Begriff der Gewalt herausgebildet: Er bezeichnet 1) eine öffentliche Herrschaft, die an eine Rechtsordnung gebunden ist, 2) territoriale Obrigkeiten, Staatsgewalten bzw. deren konkrete Träger, 3) ein Verfügungs- oder Besitzverhältnis („sich oder etwas in der Gewalt haben" [Meßelken 2012, S. 68]) sowie 4) physische Gewaltanwendung bzw. Zwang im politischen Bereich wie auch gewaltsame Handlungen im Sinne von *violentia* (vgl. Faber et al. 1982, S. 866 f.; Imbusch 2002, S. 30; Meßelken 2012, S. 68). D. h. Gewalt kann einerseits deskriptiv und wertfrei verwendet werden, um ein

© Springer Fachmedien Wiesbaden GmbH 2017
I.-J. Werkner, *Militärische versus polizeiliche Gewalt*, essentials,
DOI 10.1007/978-3-658-17831-4_2

soziales Verhältnis zu beschreiben. In diesem Sinne fungiert Gewalt als „Kompetenzbegriff". Andererseits kann der Begriff in moralisch wertender Weise zur Beurteilung eines – in der Regel negativ konnotierten – Sachverhalts benutzt werden. Gewalt stellt dann einen „Aktionsbegriff" dar, bei dem „die Vorstellung eines besonderen Zwangs, mit dem Widerstand gebrochen wird" (Neidhardt 1986, S. 114) im Vordergrund steht und auf die physische Gewaltanwendung fokussiert wird (vgl. Neidhardt 1986, S. 114; Imbusch 2002, S. 28; Bonacker und Imbusch 2006, S. 82).

Diese Mehrdeutigkeit im deutschen Sprachgebrauch stellt – so Thorsten Bonacker und Peter Imbusch (2006, S. 83) – einen „historischen Sonderfall" dar. Im angelsächsischen, frankofonen oder auch iberoamerikanischen Raum finden sich für die verschiedenen Bedeutungen auch unterschiedliche Begriffe. Dort wird deutlich zwischen der physischen oder körperlichen Gewalt *(violentia)* und der Amts- bzw. Staatsgewalt *(potestas)* unterschieden (vgl. Tab. 2.1).

Auf dieses semantische Problem verweist auch der Soziologe Georg Brandt. Bezogen auf polizeiliches Handeln hieße dies:

Polizeibeamtinnen und Polizeibeamte sind Gewalttäterinnen und Gewalttäter. In uns widerstrebt alles gegen den Inhalt dieser allgemeinen Aussage. Dieser Satz ist absolut wertfrei gemeint und enthält dennoch eine moralische Wertung. Gewalttäter und Gewalttaten sind doch grundsätzlich stets abzulehnen. Doch wie soll sprachlich ausgedrückt werden, was die Polizei tut? Wie ist die Situation, wenn Polizeibeamtinnen und -beamte, z. B. bei einer Festnahme, Gewalt anwenden? Stellen wir uns vor, eine gewalttätige oder anderweitig gefährliche Person wird von Beamten gestellt und nun gegen ihren Willen mit Handschellen gefesselt. Egal, ob die festgenommene Person sich nun stark wehrt oder wenig, oder auch nur protestiert, die Polizisten wenden Gewalt an, diese Handlung ist eine Gewalttat. Zugleich ist diese Gewalttat legal, legitim und sogar erwünscht. Doch so wollen wir es üblicherweise nicht ausdrücken (Brandt 2015, S. 10).

Tab. 2.1 Etymologischer Vergleich zum Begriff der Gewalt. (Quelle: Meßelken 2012, S. 69, Ergänzung durch Verf)

	Aktionsbegriff	Physikalische Kraft	Kompetenzbegriff
Deutsch:	Gewalt	Gewalt/Kraft	Gewalt/Macht
Latein:	Violentia	Fortitudo	Potestas
Englisch:	Violence	Force	Power
Französisch:	Violence	Force	Pouvoir
Spanisch:	Violencia	Fuerza	Poder

Auch kommen im staatlichen Gewaltmonopol beide Gewaltmomente *(violentia und potestas)* zusammen:

> Im Begriff des ‚Gewaltmonopols' spielen ‚potestas' und ‚violentia' ineinander: Gerade in der Befugnis des Staates, den Willen Einzelner notfalls mit physischer Kraft – und damit gewaltsam im Sinne der violentia – zu brechen, kommt seine herrschaftliche Gewalt – im Sinne der potestas – zum Ausdruck (Gerhardt 1999, S. 211).[1]

Zudem weist der Gewaltbegriff Überschneidungen zu anderen, verwandten Begriffen auf (Imbusch 2002, S. 31 ff.). In einem engen Kontext stehen die Begriffe Gewalt, Macht und Zwang. Nach Max Weber bedeutet Macht „jede Chance, innerhalb einer sozialen Beziehung den eigenen Willen auch gegen Widerstreben durchzusetzen, gleichviel worauf diese Chance beruht" (Weber 1985 [1922], S. 28). In diesem weberschen Verständnis ist Gewalt „eine Form der Machtausübung und als solche ein sehr effektives Machtmittel, weil sie unmittelbar Gehorsam erzwingt und Widerstände überwindet" (Imbusch 2002, S. 32). Aber Macht umfasst weitaus mehr als Gewalt, denn es können „[a]lle denkbaren Qualitäten eines Menschen und alle denkbaren Konstellationen … jemand in die Lage versetzen, seinen Willen in einer gegebenen Situation durchzusetzen" (Weber 1985 [1922], S. 28 f.).

Auch *coercion* im Sinne von Zwang, Nötigung und Unterdrückung weist eine enge Verbindung zum Macht- und Gewaltbegriff auf. Zwang bezeichnet „die Stärke, jemanden gefügig zu machen" (Imbusch 2002, S. 33). Der durch „die Androhung physischer Eingriffe bzw. bestimmter Erzwingungsmittel" (Imbusch 2002, S. 33) erzeugte Druck soll jemanden dazu bewegen, entweder Fremdbestimmtes tun zu müssen (gebietender Zwang) oder Selbstbestimmtes nicht tun zu dürfen (verbietender Zwang) (Batthyány 2007, S. 153). Als Willensunterwerfung geht Zwang mit einem „entgegenstehenden Willen aufseiten des zu Bezwingenden" einher, ganz im Sinne der Wortwendung „und bis zu nicht willig, so brauch' ich Gewalt" (Rachor 2007, S. 676).[2] Er stellt eine klassische – wenn auch nicht die alleinige – Form der Machtausübung dar. In diesem Sinne ist Zwang auch „der

---

[1]Der Soziologe Niklas Luhmann (1998, S. 348) spricht in diesem Kontext sogar von einem paradoxen Begriff; vgl. auch Apelt und Häberle (2012, S. 164 f.).

[2]Es gibt allerdings auch Fälle, bei denen ein entgegenstehender Wille nicht existiert (Bewusstlosigkeit des Pflichtigen) bzw. nicht manifest ist (Abwesenheit des Pflichtigen) oder der Pflichtige zwar willens, aber nicht in der Lage ist (z. B. wenn ein Unternehmen aus finanziellen Gründen keine erforderliche Sanierung vornehmen kann); vgl. Rachor (2007, S. 676).

unmittelbarste Ausdruck staatlicher Gewalt" sowie „die schärfste Form des Eingriffs in die Rechte des Bürgers" (Rachor 2007, S. 676). Dabei stellt Gewalt in seinem engen Verständnis als direkte physische Gewalt „eine bestimmte Form des Zwanges neben anderen" und „ein spezifisches Mittel der Nötigung unter übrigen" (Neidhardt 1986, S. 132) dar.[3] Auch wenn Zwang und Gewalt große Überschneidungen aufweisen, handelt es sich nicht um synonyme Begriffe, sie beschreiben einen jeweils anderen Sachverhalt: Während Gewalt als ein Grundbegriff der Friedens- und Konfliktforschung – und damit auf der Makroebene – sein Gegenüber im Friedensbegriff hat, steht Zwang im staatlichen Kontext und als ein vorrangig juristischer Begriff für die Einschränkung zumeist individueller Freiheit.

2.2 Typologische Differenzierungen

Angesichts dieser Mehrdeutigkeiten und Überschneidungen erweist es sich als notwendig, den Begriff der Gewalt typologisch auszudifferenzieren und seine Bedeutungselemente, Dimensionen und Erscheinungsformen näher in den Blick zu nehmen.

Ausgehend von einem engen Gewaltverständnis, das sich in seinem Kern auf die direkte physische Gewalt *(violence)* bezieht, lassen sich zunächst verschiedene *Bedeutungselemente von Gewalt* ausmachen (vgl. Tab. 2.2). Nach Peter Imbusch (2002, S. 34 ff.) stellen sich folgende kategoriale Fragen:

- Wer übt Gewalt aus? (Frage nach den Gewalttätern);
- Wem gilt die Gewalt? (Frage nach den Gewaltadressaten/den Opfern);
- Was geschieht, wenn Gewalt ausgeübt wird? (Frage nach dem Tatbestand);
- Wie wird Gewalt ausgeübt? (Frage nach der Art und Weise der Gewaltausübung und den eingesetzten Mitteln);
- Wozu wird Gewalt ausgeübt? (Frage nach den Zielen und Motiven);
- Warum wird Gewalt ausgeübt? (Frage nach den allgemeinen Ursachen von Gewalt);
- Weshalb wird Gewalt ausgeübt? (Frage nach Rechtfertigungsmustern und Legitimationsstrategien).

Des Weiteren existieren verschiedene *Gewaltverständnisse*. Strittig ist dabei, wie eng oder weit Gewalt gefasst werden sollte. Unterschieden wird vor allem

---

[3]Zu polizeilichen Zwangsmitteln gehören neben dem unmittelbaren Zwang auch die Ersatzvornahme und das Zwangsgeld (Rachor 2007, S. 686).

Tab. 2.2 Bedeutungselemente des Gewaltbegriffs. (Quelle: Imbusch 2002, S. 37; vgl. auch Neidhardt 1986, S. 121)

Kategorie	Bezugsdimension	Definitionskriterium	Definitionsbestandteile
Wer?	Subjekte	Gewaltakteure	Personen, Gruppen, Institutionen
Wem?	Objekte	Gewaltadressaten (Opfer)	Personen, Sachen
Was?	Phänomenologie der Gewalt	Tatbestand (Verletzung, Schädigung, …)	Personen, Sachen
Wie?	Art und Weise der Gewaltausübung	Einsatzmittel	Physisch, psychisch, symbolisch, kommunikativ
Wozu?	Ziele und Motive	Grade der Zweckhaftigkeit	Absichten
Warum?	Ursachen und Gründe	Interessen, Möglichkeiten, Kontingenzen	Begründungsvarianten
Weshalb?	Rechtfertigungsmuster	Normabweichung, Normentsprechung	Legal/illegal, legitim/illegitim

zwischen personaler bzw. direkter, institutioneller Gewalt, struktureller und kultureller Gewalt. Die *direkte Gewalt* zielt unmittelbar auf die Schädigung, Verletzung und in extremster Form auf die Tötung von Personen. Sie ist personal und direkt, insofern es „einen Sender gibt, einen Akteur, der die Folgen der Gewalt beabsichtigt" (Galtung 2007, S. 17; vgl. auch Imbusch 2002, S. 38; Bonacker und Imbusch 2006, S. 86).

Die *institutionelle Gewalt* geht über die personale direkte Gewalt hinaus,

als [sie] nicht allein auf eine spezifische Modalität sozialen Verhaltens, sondern auf dauerhafte Abhängigkeits- und Unterwerfungsverhältnisse abstellt. Man kann [sie] definieren als eine durch physische Sanktionen abgestützte Verfügungsmacht, die den Inhabern hierarchischer Positionen über Untergebene und Abhängige eingeräumt ist. [...] Prototyp institutioneller Gewalt in der Moderne ist der Hoheits- und Gehorsamsanspruch, mit dem der Staat dem einzelnen gegenübertritt (Waldmann 1995, S. 430 f.).

Damit gehören wesentlich das Militär und die Polizei als Träger der Staatsgewalt bzw. des staatlichen Gewaltmonopols zu den Akteuren institutioneller Gewalt. Auch wenn sie eine „ordnungsstiftende Funktion" innehaben und damit gegenüber ihren Gegnern häufig einen Legitimationsvorsprung besitzen, stellen ihre physischen Zwangseingriffe dennoch Gewalt dar. Institutionelle Gewalt ist die Gewaltform, die auch positiv konnotiert sein kann. Entscheidend dafür ist das

Kriterium der Legalität und Legitimität. Sie kann aber sehr unterschiedliche – auch illegale oder illegitime – Formen annehmen (Imbusch 2002, S. 39; Bonacker und Imbusch 2006, S. 87 f.).

Strukturelle Gewalt, die auf den Friedensforscher Johan Galtung zurückgeht, umfasst all jene Arten von Gewalt, die aus systemischen Strukturen resultieren. Danach liegt Gewalt immer dann vor, „wenn Menschen so beeinflußt werden, daß ihre aktuelle somatische und geistige Verwirklichung geringer ist als ihre potentielle Verwirklichung"; sie wird damit zur „Ursache für den Unterschied zwischen dem Potentiellen und dem Aktuellen, zwischen dem, was hätte sein können, und dem, was ist" (Galtung 1975, S. 9; vgl. auch Imbusch 2002, S. 39 f.; Bonacker und Imbusch 2006, S. 88). Dieser weite Ansatz von Gewalt ist nicht unstrittig, verliere er – so die Kritik – durch seine Weite und Unbestimmtheit die Fähigkeit „zur unterscheidenden Beschreibung" (Müller 2003, S. 211). Ende der 1990er Jahre fügte Johan Galtung noch eine weitere Komponente hinzu: die *kulturelle Gewalt.*[4] Darunter werden all jene Aspekte einer Kultur verstanden, die dazu dienen, direkte oder strukturelle Gewalt zu rechtfertigen bzw. zu legitimieren (Galtung 2007, S. 341).

Neben verschiedenen Bedeutungselementen und Dimensionen von Gewalt ist der Begriff auch nach seinen *Erscheinungsformen* zu differenzieren. Eine Rolle spielen hier u. a. die Handlungsebenen der Gewalt (Mikro-, Meso-, Makroebene), der Akteurstypus (Individuum, Kollektiv, Staat), der damit verbundene Organisationsgrad oder auch die Frage nach der Legitimität der Akteure und ihrer Handlungen (vgl. Tab. 2.3). So zeigen beispielsweise Formen kollektiver oder auch staatlicher Gewalt in der Regel eine völlig andere Qualität, Struktur und Zielsetzung auf als individuelle Gewalttaten (vgl. hierzu Imbusch 2002, S. 43 ff.; Bonacker und Imbusch 2006, S. 91 ff.).

Auch die hier im Fokus stehende staatliche Gewalt erweist sich keineswegs als monolithisches Gebilde. Das Gewaltspektrum reicht vom Gewaltmonopol des Staates unter demokratischen und rechtsstaatlichen Bedingungen über illegale Übergriffe einzelner staatlicher Organe, die ggf. auch jeweils über unterschiedliche soziale Eigendynamiken verfügen, bis hin zur despotischen Gewalt von Diktaturen. In diesem Sinne heißt es bereits bei Max Weber:

> Der Staat ist [...] ein auf das Mittel der legitimen (das heißt: als legitim angesehenen) Gewaltsamkeit gestütztes Herrschaftsverhältnis von Menschen über Menschen. Damit er bestehe, müssen sich also die beherrschten Menschen der beanspruchten

---

[4]Zuvor hatte bereits Hans Saner (1982) zwischen personaler, struktureller und symbolischer Gewalt unterschieden.

Tab. 2.3 Erscheinungsformen von Gewalt. (Quelle: Imbusch 2002, S. 46, Ergänzung durch Verf)

	Akteure	Beispiele
Individuelle Gewalt	Einzeltäter	• Gewalt im privaten Bereich • Gewalt im öffentlichen Raum
Kollektive Gewalt	Organisierte Gruppen	• Politische Gewalt (u. a. Terrorismus, Revolutionen, Bürgerkriege, Staatsstreiche) • Sonstige Gruppengewalt (bspw. soziale Unruhen, Aufstände, unfriedliche Massenproteste)
Staatliche Gewalt	Träger der Staatsgewalt (Polizei, Geheimdienste, Militär, …)	• Staatliches Gewaltmonopol (Ordnungsfunktion, Repressionsfunktion, …) • Gewaltsame Übergriffe • Diktaturen und Staatsterrorismus • Kriege und Kriegsverbrechen

> Autorität der jeweils herrschenden fügen. Wann und warum sie das tun, läßt sich nur verstehen, wenn man die inneren Rechtfertigungsgründe und die äußeren Mittel kennt, auf welche sich eine Herrschaft stützt (Weber 1985 [1922], S. 822).

Die Komplexität steigert sich, wenn nicht nur das staatliche, sondern das internationale und globale Handeln bei einem gleichzeitigen Fehlen einer ordnenden Weltinnenpolitik (Beck 2007, 2010) in den Blick gerät. Denn die Existenz internationaler Institutionen wie der Vereinten Nationen hat bisher nicht zu einer Übertragung des Prinzips des Gesellschaftsvertrages auf die globale Ebene und zu einem Verschwinden der nationalen Armeen geführt (Gros 2015, S. 129).

Bezogen auf unseren Untersuchungsgegenstand haben die bisherigen Ausführungen eines deutlich machen können: Etymologisch lässt der Gewaltbegriff noch keine hinreichende Differenzierung zwischen der Gewaltanwendung des Militärs und der Polizei zu. Auch die von Fernando Enns (2013, S. 106) eingeführte Unterscheidung zwischen Militär als Gewalt im Sinne von *violence* und Polizei als Zwang *(coercion)* leitet sich nicht etymologisch aus dem Gewaltbegriff ab. Gewalt und Zwang bezeichnen unterschiedliche Begriffe; auch geben sie keine Rückschlüsse auf das Ausmaß und die Legitimität der ausgeübten Gewalt. Beide Organisationen sind zunächst einmal als Träger der Staatsgewalt (im Sinne der *potestas*) Akteure institutioneller Gewalt. Diese kann, abhängig von politisch-historischen Kontexten, sehr unterschiedliche Erscheinungsformen annehmen. Notwendig bleibt daher eine tief gehende Analyse ihrer Qualität, Struktur und Zielsetzung.

Ausrichtung und Aufgaben 3

3.1 Die historische Trennung militärischer und polizeilicher Gewalt

Die Unterscheidung militärischer und polizeilicher Gewalt reicht weit in die Geschichte zurück. Basierend auf der Trennung von äußerer und innerer Sicherheit vollzog sich diese mit der Westfälischen Ordnung und der Konstituierung der modernen Nationalstaaten. So unterschied beispielsweise der königlich-preußische Landesschluss 1648 zwischen der „Sicherheit der Provintz" und der „domestica securitate" (Conze 1984, S. 842). Auch Thomas Hobbes (2007 [1651], S. 155) differenzierte im Leviathan – ausgehend von Sicherheit als Staatsaufgabe und Staatszweck – zwischen dem Schutz der Bürger vor äußeren Feinden und der Erhaltung des inneren Friedens. In der Folge etablierte sich einerseits ein äußeres Gewaltmonopol des Staates: Der Krieg wurde verstaatlicht, es entstanden stehende Heere und der Grundsatz, dass nur noch die legitime Obrigkeit berechtigt war, Krieg zu führen, setzte sich allmählich durch. Darüber hinaus wurde äußere Sicherheit völkerrechtlich durch Bündnis- und Beistandspakte sowie durch Garantieverträge mit dritten Mächten hergestellt bzw. gefestigt (Reinhard 1999, S. 351 ff.; Conze 1984, S. 842).

Andererseits erfolgte eine klare Trennung des inneren vom äußeren Gewaltmonopol des Staates. Dieses lässt sich historisch auf die „Policey" zurückverfolgen. So entstand die moderne Polizei im 18. und 19. Jahrhundert nicht aus dem Bereich der bewaffneten Macht heraus, sondern aus dem Politikfeld der „Policey", die als Ausdruck einer guten Verwaltung ihren Ursprung in der innenpolitischen Sorge um das Gemeinwohl hatte. Sie war für die allgemeine Sicherheit und Wohlfahrt zuständig; ihr Kompetenzbereich betraf mit Ausnahme der Rechtspflege,

© Springer Fachmedien Wiesbaden GmbH 2017
I.-J. Werkner, *Militärische versus polizeiliche Gewalt,* essentials,
DOI 10.1007/978-3-658-17831-4_3

Finanz- und Kriegsverwaltung alle Lebensbereiche[1] (Winter 1998, S. 48; vgl. auch Funk 1986, S. 23 f.; Boldt und Stolleis 2007, S. 2 ff.). Erst Ende des 19. Jahrhunderts kam es – ausgehend vom sogenannten Kreuzberg-Urteil des Preußischen Oberverwaltungsgerichts im Jahr 1882 (vgl. Winter 1998, S. 48 FN 4) – zu einer Trennung von Wohlfahrts- und Sicherheitspolizei. Mit dieser Aufgabendifferenzierung und Abkopplung von der allgemeinen Wohlfahrtspflege verengte sich der Polizeibegriff auf die Abwehr von Gefahren für die öffentliche Sicherheit und Ordnung und leitete die Institutionalisierung der Polizei als Ordnungsbehörde ein (Winter 1998, S. 48 f.). Dabei basierte die Policey-Gesetzgebung wie auch später die moderne Polizei auf dem Präventionsprinzip und unterschied sich dadurch kategorisch vom Militär, das wesentlich auf dem Reaktionsprinzip beruhte (Reinhard 1999, S. 363 f.; Conze 1984, S. 848).

Die Trennung von äußerer und innerer Sicherheit sowie von Militär und Polizei blieb auch in der weiteren Entwicklung ein wesentliches Charakteristikum des modernen Staates. Neben spezifischen Aufgaben beider Sicherheitsorganisationen manifestierte sie sich auch in unterschiedlichen Einsatzmitteln und Ausbildungsschwerpunkten, Motivationen der Einsatzkräfte sowie rechtlichen Rahmenbedingungen. Der Politikwissenschaftler Cornelius Friesendorf (2012, S. 22 f.) spricht von „operational", „organizational", „material", „educational", „cultural" und „legal characteristics" von Militär und Polizei.

3.2 Traditionelle Aufgaben und Ausrichtung beider Gewalten

Ein zentrales Unterscheidungskriterium lässt sich in der Ausrichtung und den Aufgaben beider Organisationen festmachen (*operational characteristics*, vgl. Tab. 3.1). Entsprechend der historischen Entwicklung haben beide Kräfte – Militär und Polizei – als Teil der politischen Exekutive das Gewaltmonopol inne: das Militär für den Bereich der äußeren Sicherheit, die Polizei für den Bereich der inneren Sicherheit. Sie können als „zwei polare Typen von zwangsanwendenden Organisationen" (Geser 1996, S. 45) angesehen werden. Dabei stellt das Militär eine „gesellschaftliche Organisation zur Realisierung politischer Zielsetzungen durch die Androhung und Anwendung bewaffneter Gewalt" (Wachtler 1988, S. 268) dar. Auch in kriegs- bzw.

---

[1]Martin Winter (1998, S. 48) verweist dabei auf die Polizei als Herrschaftsinstrument. So diente das polizeiliche Engagement für das Gemeinwohl in erster Linie den Herrschaftsinteressen der Landesherren, weniger der Wohlfahrt der Bevölkerung.

Tab. 3.1 Traditionelle Aufgaben, Ausrichtung und Strukturmerkmale von Militär und Polizei in demokratischen Gesellschaften. (Quelle: Eigene Darstellung)

	Militär	Polizei
Domäne	Äußere Sicherheit	Innere Sicherheit
Aufgaben	Abschreckung und (kollektive) Selbstverteidigung	Gefahrenabwehr, Strafverfolgung und Prävention
Ausrichtung	Extrasoziale Makroviolenz	Intrasoziale Mikroviolenz
Adressat	Fremde Streitkräfte, Gruppen und Gesellschaften	Angehörige der eigenen Gesellschaft
Organisationsstruktur	Stark ausgeprägte Hierarchie, Formalisierung, Reglementierung und Standardisierung	(Abgeschwächte) Hierarchie, Formalisierung, Reglementierung und Standardisierung
Führungsstruktur	Zentral	Dezentral
Gewalt beeinflussende Faktoren	Existenz von Feindbildern	Prinzip der Unparteilichkeit

einsatzfreien Zeiten, wenn der militärische Alltag eher der Arbeitssituation von Unternehmen und öffentlichen Verwaltungen gleicht, bleibt das Militär auf seinen Zweck – die Androhung und Anwendung bewaffneter Gewalt – ausgerichtet. Darin zeigt sich seine „organisatorische ‚Janusgesichtigkeit'" (Geser 1983, S. 149; vgl. auch Elbe und Richter 2012, S. 244 f.). Im traditionellen Kontext verbinden sich mit dem Militär zwei Funktionen: zum einen die Abschreckung und Selbstverteidigung (defensive Rolle); zum anderen der Angriff auf einen anderen Staat beispielsweise zur Durchsetzung nationaler Interessen (offensive Rolle). Mit dem Gewaltverbot der Vereinten Nationen ist letzterer jedoch die Legitimität entzogen worden (Kümmel und Klein 2002, S. 215; Kümmel 2012, S. 119). Prinzipiell können Streitkräfte aber auch heutzutage beides sein, „eine Quelle der Barbarei wie auch eine Quelle der Zivilisation; sie sind der rechtserhaltenden Gewalt ebenso fähig wie der nicht-rechtserhaltenden Gewalt" (Klein und Kümmel 2012, S. 50).

Aus seinem Organisationszweck leiten sich spezifische Strukturprinzipien ab (*organizational characteristics*, vgl. Tab. 3.1). Dazu gehören die starke hierarchische Struktur und das Prinzip von Befehl und Gehorsam, die Formalisierung, Reglementierung und Standardisierung von Handlungen und Abläufen, eine ausgeprägte intraorganisatorische Sozialisation sowie eine nur eingeschränkte Rückkoppelung an die Gesellschaft (Gareis et al. 2006, S. 14). In seiner Tendenz zum Eigenleben gilt das Militär auch als eine „totale Institution" (Goffman 1961). Aufgestellt für die äußere Sicherheit des Staates zielt militärische Gewaltanwendung vorrangig auf fremde Streitkräfte, Gruppen bzw. Gesellschaften. Damit verbunden sind oftmals geringere emotionale Bindungen als zu Angehörigen der Eigengruppe, angesichts derer die Hemmschwelle der Gewalt sinken kann. Feindbilder, die in ihrer Funktion sowohl dem „inneren Zusammenhalt" als auch der „Markierung eines zugelassenen Objektes von Aggression" dienen, können diese Wirkung noch verstärken (Münkler 1994, S. 29; zit. nach Schiewek 2012, S. 94; vgl. auch Haltiner 2006, S. 521).

Der Polizei kommt die Aufgabe zu, die öffentliche Sicherheit und Ordnung des Landes aufrechtzuerhalten und seine Bürger vor Gefahren zu schützen (Schutz von Leib und Leben, der Freiheit und des Besitzes). Im Zentrum steht die individuelle wie institutionelle Existenzsicherung, die die Polizei im Gegensatz zum Militär „unterschiedslos gegenüber allen Personen auszuüben [hat]" (Behr 2012, S. 71). Zur Aufrechterhaltung der inneren Sicherheit ist die Polizei auf „die Bekämpfung der intrasozialen Mikroviolenz" (Haltiner 2006, S. 520) ausgerichtet. Der Staatsrechtler Erhard Denninger (2007, S. 303) spricht von der „Dreiheit der Polizeiaufgaben": der Gefahrenabwehr[2], Strafverfolgung und Prävention, die zugleich verschiedene Funktionslogiken impliziert:

> Während die Funktionslogik des Rechtsstaats eine grundsätzlich begrenzte und ‚angemessene', den Prinzipien der Verhältnismäßigkeit (des schonendsten Eingriffs) und der Bestimmtheit der Eingriffsnorm gehorchende Reaktion des Staates auf die Gefahrenverursachung oder den Straftatverdacht erfordert, verlangt die Funktionslogik des Präventivstaates für die Bereiche der inneren und äußeren Sicherheit eine prinzipiell unbegrenzte, nie endende Aktivität des Staates zur Risikominimierung (Denninger 2007, S. 304).

Wie beim Militär gehört auch bei der Polizei der Einsatz von Gewalt zum Wesensmerkmal der Organisation (Brodeur 2002, S. 259), wobei die Rolle, die der Gewaltanwendung in der Polizei zugeschrieben wird, nicht unumstritten ist. So gibt es einerseits Ansätze, bei denen die enge Zusammenarbeit der Polizei mit der Bevölkerung betont wird und der Einsatz von Gewalt in den Hintergrund tritt (wie das *Community Policing*). Andererseits betonen Vertreter den fundamentalen Status der Gewalt, sogar den Vorrang der Gewaltausübung vor der Verbrechensbekämpfung. Mit Verweis auf Egon Bittner führt der Polizeisoziologe Jean-Paul Brodeur aus:

---

[2]Die Gefahrenabwehr umfasst den Schutz der öffentlichen Sicherheit. Dazu gehört die Unversehrtheit der Rechtsordnung, die Funktionsfähigkeit der staatlichen Einrichtungen sowie die Unverletzlichkeit der subjektiven Rechte und Rechtsgüter des Einzelnen (Denninger 2007, S. 307 ff.).

Die Polizei hat tatsächlich wenig Interesse an Missetätern, von denen anzunehmen ist, dass sie der Justiz zugeführt werden können, ohne dass dabei Gewalt gebraucht werden muss. In dem Maße, wie in unseren Tagen das Ausmaß der Wirtschafts-, Umwelt- und Internet-Kriminalität deutlicher erkennbar wird, wird immer offensichtlicher, wie zutreffend diese Bemerkung ist (Brodeur 2002, S. 265).

Allgemein lässt sich unter Polizeigewalt die Legitimation verstehen,

> Zwangsgewalt auszuüben und zwar im Sinne der unparteiischen Abwehr von Gefahren für die öffentliche Sicherheit und Ordnung, zum Schutz von individuellen oder kollektiven Rechtsgütern Dritter bzw. zur Durchsetzung eines für die Betroffen verbindlichen Rechts (Stodiek 2002, S. 40; vgl. auch Müller 1998, S. 7).

Aus dieser Definition leiten sich ihr rechtserhaltender Charakter und die damit verbundene positive Konnotation ab. Da Polizei stets aber auch ein Instrument der Herrschaftssicherung darstellt (Aden 1998, S. 123 ff.; Müller 1998, S. 7), bleibt auch ihre Gewalt abhängig von der politischen Ordnung und somit ambivalent.

Im Gegensatz zum Militär ist der Adressat der Polizeiarbeit die eigene Gesellschaft und Normengemeinschaft. In Erfüllung verschiedener Rollenerwartungen – in rechtsstaatlichen Gesellschaften „vom Überwachen bis zum Schützen, Helfen, Retten und Vermitteln" (Haltiner 2006, S. 520) – muss die Polizei vor Ort im Kontakt mit der lokalen Bevölkerung und den Bürgern über ein hohes Maß „an psychologischen, sozialen und fachlichen Allrounderkompetenzen" sowie über eine „relativ große Entscheidungskompetenz *on the spot*" (Haltiner 2006, S. 520 f.) verfügen. Polizeiorganisationen weisen damit häufig dezentrale, mit flacheren Hierarchien versehene und relativ umweltoffene Strukturmerkmale auf (Haltiner 2006, S. 520 f.). Aber auch sie sind – angesichts ihrer zwangsanwendenden Funktionen – durch einen hohen Grad an Formalisierung, Reglementierung und Standardisierung wie Uniformen, Dienstgrade, Disziplin und klare Befehlsstrukturen gekennzeichnet. Schließlich verweist Karl Haltiner auf die Neutralität als wesentliches Merkmal der Polizei: „Ein klar definiertes Feindbild fehlt und wäre hinderlich, Unparteilichkeit ist häufig eine elementare Voraussetzung für die Legitimation polizeilicher Tätigkeit" (Haltiner 2006, S. 520). Inwieweit sich dieses Neutralitätskonstrukt in der Praxis durchhalten lässt, ist jedoch kritisch zu hinterfragen. Dagegen sprechen die „vielfältige[n] Typisierungen des ‚polizeilichen Gegenübers'" (Schiewek 2012, S. 99) und die Bedeutung des Kämpfertyps in beruflichen Selbstbildern der Polizei, aber auch die früheren bundesdeutschen Diskurse zum Feindstrafrecht oder der Terminus des Krieges (und damit auch des Feindes) im Kontext der Terrorismusbekämpfung (Schiewek 2012, S. 99 ff.).

3.3   Aktuelle Tendenzen: Die Grenzen verschwimmen

Seit Anfang der 1990er Jahre und verstärkt seit den Anschlägen vom 11. September 2001 sind ein Aufgabenwandel beider Organisationen sowie damit einhergehende Tendenzen erkennbar, entgegen der historisch gewachsenen funktionalen Ausdifferenzierung von Sicherheit die äußere und innere Sphäre enger miteinander zu verzahnen.[3] Argumentiert wird, dass angesichts der gegenwärtigen Herausforderungen die innere und äußere Dimension von Sicherheit nicht mehr voneinander getrennt betrachtet werden können. In diesem Sinne formuliert Charles A. Denkowski (2008, S. 147): „Innen ist Außen. Außen ist Innen". Auch Didier Bigo (2000, S. 171) betont mit „blurring the distinction between the internal and external" die Entwicklung hin zu einer Verschmelzung innerer und äußerer Sicherheit. Dabei lassen sich in der Literatur verschiedene Begründungslinien ausmachen: So gehen Autoren wie beispielsweise Heinrich Ahlf (2005, S. 85) von dem *Typus der Bedrohung* aus, wonach angesichts der Asymmetrie der neuen Kriege die Grenzen zwischen Krieg und Kriminalität verschwimmen würden. Autoren wie Didier Bigo (2000, S. 171) haben indessen den *Ursprung der Bedrohung* im Blick, bei dem „external security agencies (the army, the secret service) are looking inside the borders in search of an enemy from outside" und „internal security agencies (national police forces, police with military status, border guards, customs) are looking to find their internal enemies beyond the borders". Andere wiederum betonen eher die *Mittel zur Abwehr der Bedrohung* (Zentrum für Transformation der Bundeswehr 2008, S. 15). So seien Streitkräfte bei ihren Einsätzen im Ausland zunehmend mit Aufgaben konfrontiert, die nach der tradierten Abgrenzung der Polizei zuzuordnen wären, während sich im Binnenland Bedrohungen mehren würden, die zwar nicht-militärischer Natur seien, denen aber mit polizeilichen Mitteln nur teilweise oder gar nicht begegnet werden könne. Im Gegensatz zu diesen Positionen, die das Zusammenwachsen von innerer und äußerer Sicherheit grundsätzlich im Sinne eines Systemwechsels für zwingend erachten, finden sich in der Literatur aber auch kritische Stimmen, die in dieser Entwicklung Gefahren für den Rechtsstaat sehen (vgl. Ausführungen bei Heinrich und Lange 2009, S. 261). Im Folgenden sollen insbesondere drei Entwicklungen näher in den Blick genommen werden: die Konstabulisierung der Streitkräfte, der verstärkte internationale Einsatz von Polizeikräften sowie die Zunahme hybrider Formen von Einsatzkräften.

---

[3]Zu den folgenden Ausführungen vgl. auch Werkner (2011).

3.3.1   Die Konstabulisierung der Streitkräfte

Seit dem Ende des Ost-West-Konflikts haben sich die Aufgaben des Militärs[4] deutlich verschoben (vgl. Tab. 3.2). Streitkräfte werden kaum mehr für die traditionelle Kriegsführung eingesetzt; die Landesverteidigung gerät in den Hintergrund. Zunehmend handelt es sich um militärische Operationen jenseits des Krieges (*Military Operations Other Than War,* MOOTW). Dazu zählen friedensbewahrende Einsätze *(Peacekeeping),* humanitäre Interventionen, friedensschaffende Missionen *(Peace Enforcement)* sowie Postkonflikt- und staatsbildende Einsätze *(Statebuilding),* bei denen Polizeiaufgaben, Ordnungs- und Friedenssicherungsfunktionen sowie Hilfs- und Rettungsdienste im Fokus der Tätigkeit des Soldaten stehen (Haltiner 2006, S. 518 f.; Kümmel 2012; Klein und Kümmel 2012, S. 57 f.):

> Soldaten figurieren neuerdings vor allem als Gendarmen, Wächter, Beamte, Feuerwehrleute, Diplomaten, Richter, Schiedsrichter, Sanitäter, Verwalter und Sozialarbeiter, kaum mehr als das, wofür sie ausgebildet und befähigt wurden, als Soldaten (Haltiner 2003, S. 159).

Tab. 3.2   Streitkräfte im Wandel. (Quelle: Kümmel 2006, S. 108 in Anlehnung an Charles Moskos)

	1900–1945	1945–1990	Nach 1990
Bedrohungswahrnehmung	Feindliche Invasion	Nuklearkrieg	Subnational, z. B. durch ethnische Gewalt und Terrorismus
Aufgaben	Landesverteidigung	Unterstützung des Bündnisses	Militärische Operationen jenseits des Krieges
Wehrstruktur	Massenarmeen, Wehrpflicht	Große Freiwilligenarmeen	kleine Freiwilligenarmeen
Dominanter Soldatentypus	Kämpfer	Manager/Techniker	Kämpfer/Polizist/ Diplomat/ Sozialarbeiter
Rolle von Frauen	Ausgeschlossen oder separiert	Teilweise integriert	Vollständig integriert
Zivilbeschäftigte im Militär	Kleine Komponente	Mittlere Komponente	Große Komponente

---

[4]Den Bezugspunkt bilden hier Streitkräfte der modernen Demokratien, speziell europäische und nordamerikanische.

Es geht also nicht mehr um die klassischen und im engen Zusammenhang mit der Nation stehenden Aufgaben des Militärs, eher um militärische Einsätze zur internationalen Rechtsdurchsetzung. Der Militärsoziologe Morris Janowitz (1971) prägte dafür den Ausdruck der Konstabulisierung (Verpolizeilichung) der Streitkräfte. Andere Militärsoziologen sprechen vom Soldaten als „miles protector" (Däniker 1992) oder konstatieren eine Transformation von Militär in „Politär" (Vogt 1992). Caroline Holmqvist (2014) schließlich formt in ihrem jüngsten Buch den Begriff des „Policing War".

Deutlich wird diese Entwicklung auch in dem Konstrukt der internationalen Schutzverantwortung, der *Responsibility to Protect*. Mit der dortigen Neubestimmung des Souveränitätsbegriffs, wonach sich die Souveränität des Staates an der Souveränität seiner Bürger messen lassen muss, erfolgt ein Perspektivenwechsel, eine Verlagerung von der Intervention hin zum Schutz, womit die Bürgerinnen und Bürger ins Zentrum der Debatte rücken. Zugleich verbindet der neue Souveränitätsbegriff der R2P die innere und äußere Sphäre miteinander, indem die Verantwortung der internationalen Staatengemeinschaft greift, wenn ein Staat nicht fähig oder willens ist, seine Bürger zu schützen (vgl. ICISS 2001).

3.3.2   Der internationale Einsatz von Polizeikräften

Mit den humanitären Interventionen hat nicht nur eine zunehmende Konstabulisierung des Militärs stattgefunden, zunehmend werden auch Polizeikräfte zur Konfliktbearbeitung im Ausland eingesetzt. Dies beinhaltet die gesamte Bandbreite internationaler Einsätze wie VN-, OSZE- und EU-Missionen. So finden gegenwärtig von insgesamt 20 Missionen der Vereinten Nationen 13 Missionen unter Polizeibeteiligung statt (vgl. Tab. 3.3).

Lag der Schwerpunkt der Polizei in VN-Missionen in den Anfangsjahren in der Beobachtung *(monitoring)*[5] und Beratung *(mentoring)* der lokalen Polizei, kam Mitte der 1990er Jahre mit der Ausbildung der lokalen Polizei eine weitere Kernaufgabe hinzu. Gegenwärtig lässt sich die Arbeit der VN-Polizei mit der Abkürzung SMART umschreiben: „**S**upport for human rights, **M**onitoring the local police, **A**dvising on best practices, **R**eporting on situations and incidents, and **T**raining" (Hansen 2002, S. 22; vgl. auch Schmidl 2011, S. 82; Lehmann 2013, S. 59). Prinzipiell kann das Aufgabenspektrum der internationalen Polizei aber auch deutlich

---

[5]Das beinhaltet das Beobachten und Dokumentieren der Tätigkeiten der lokalen Polizei, aber auch das Anzeigen des Fehlverhaltens einzelner Polizisten (Lehmann 2013, S. 58).

Tab. 3.3 Militär- und Polizeipräsenz in VN-Missionen im Januar 2016. (Quelle: Eigene Darstellung; Daten aus dem VN-Monatsbericht vom 31.08.2016, UN 2016)

Mission	Gesamt	Militär	Geschlossene Polizeieinheiten	Individuelle Polizei	Experten
MONUSCO	18.620	16.735	1048	359	478
UNAMID	17.023	13.599	1809	1462	153
UNMISS	13.723	12.111	830	597	185
MINUSCA	12.152	10.245	1392	367	148
MINUSMA	11.883	10.579	973	291	40
UNIFIL	10.490	10.490	–	–	–
MINUSTAH	4708	2358	1662	688	–
UNISFA	4534	4397	–	8	129
UNOCI	2807	1947	419	333	108
UNMIL	1813	1179	379	192	63
UNFICYP	1028	959	–	69	–
UNDOF	819	819	–	–	–
UNSOM	591	571	–	12	8
UNAMI	244	244	–	–	–
MINURSO	217	24	–	–	193
UNTSO	146	–	–	–	146
UNMC	80	–	–	–	80
UNMOGIP	41	–	–	–	41
UNAMA	16	–	–	5	11
UNMIK	15	–	–	7	8
Gesamt	100.950	86.257	8512	4390	1791

weiter gefasst sein und neben der Beobachtung, Beratung und Ausbildung der lokalen Polizei die Reform der bestehenden oder den Aufbau einer neuen Polizei, die Unterstützung der Reform des Sicherheitssektors sowie die Ausübung exekutiver Polizeifunktionen beinhalten. Ziel ist es, durch die Herstellung innerer Sicherheit und den Aufbau staatlicher Strukturen *(Statebuilding)* zur Stabilisierung von Post-Konfliktgesellschaften beizutragen (Lehmann 2013, S. 57).

Seit den UN-Missionen im Kosovo und in Ost-Timor ist eine weitere Entwicklung zu beobachten: der zunehmende Einsatz geschlossener Polizeieinheiten *(Formed Police Units,* FPUs). Diese bestehen aus jeweils mindestens 120 bis 140

Polizisten. Ihre Aufgaben umfassen ein „more robust policing". Sie sind zuständig für die Aufrechterhaltung der öffentlichen Sicherheit und Ordnung, für den Schutz des Personals und der Einrichtungen der Vereinten Nationen und unterstützen Polizeioperationen, die ein höheres Maß an Risiko mit sich bringen (UN 2010, S. 4). Durch ihre Ausrüstung und Ausbildung, vergleichbar mit Gendarmerien, sind sie auf gewalttätige Demonstrationen und Unruhen spezialisiert. Wurden im Jahr 2000 neun Einheiten eingesetzt, ist ihre Zahl auf mittlerweile 71 Einheiten mit fast 10.000 Polizisten angestiegen.[6] Die FPUs machen inzwischen sogar den Großteil der entsandten Polizeikräfte aus (vgl. Tab. 3.3) – eine Entwicklung, die für Tendenzen einer Militarisierung der (internationalen) Polizei steht, oder wie es der Militärsoziologe Karl Haltiner (2006, S. 523) für das Militär beschreibt: „Neue Aufgaben erfordern neue Befähigungen und Selbstbilder".

3.3.3 Hybride Einsatzkräfte

Drittens gewinnen hybride Einsatzkräfte, d. h. paramilitärische Einheiten wie Gendarmerien, zunehmend an Bedeutung. An der Schnittstelle zwischen den beiden Exekutivorganen – Militär und Polizei – seien sie zum einen auf die Aufrechterhaltung der öffentlichen Sicherheit und Ordnung, zum anderen auf die militärische Abwehr von Gefahren spezialisiert (Bigo 2000, S. 169). Sie können ein breites Spektrum von aktuellen Aufgaben wahrnehmen. Paramilitärs können dort präsent sein, wo entweder die Polizei nicht riskiere hinzugehen (zur Wiederherstellung der Ordnung in Krisengebieten) oder wo das Militär keine geeigneten Wege finde zu intervenieren. In diesem Kontext spricht Bigo (2000, S. 189) von ihrer Rolle als „soldiers of the law" und „well adapted to low intensity conflicts" (vgl. auch Zimmermann 2005; Lutterbeck 2013).

Vor diesem Hintergrund gibt es bereits erste Ansätze, die europäischen paramilitärischen Einheiten zu bündeln und für das internationale Krisenmanagement nutzbar zu machen. So wurde 2004 die *European Gendarmerie Force* (EUROGENFOR) eingerichtet, die innerhalb von 30 Tagen mit bis zu 800 Gendarmen einsatzbereit und fähig ist, unter schwierigen Bedingungen robuste Polizeieinsätze durchzuführen (de Weger 2009; Werkner 2011, S. 78 f.). Mit ihrer „bridging

---

[6]Stand: Januar 2016; vgl. http://www.un.org/en/peacekeeping/sites/police/units.shtml. Zugegriffen: 22. Januar 2017.

capability"[7] befindet sich die EUROGENFOR gegenwärtig in Afghanistan, in der Zentralafrikanischen Republik sowie in Mali im Einsatz.

Eine weitere Form der Hybridisierung zeigt sich in der Aufstellung von Polizeisondereinheiten mit Spezialausrüstung. So haben viele Länder in den letzten Jahren – darunter auch Deutschland mit der BFE+ – spezielle Antiterroreinheiten, auch sog. SWAT-Einheiten *(Special Weapons and Tactics),* eingerichtet, um die Reaktionsfähigkeit im Falle eines terroristischen Anschlags zu erhöhen, womit auch die Polizei insgesamt ein militärischeres Gesicht bekommt.

[7]Interview mit EUROGENFOR, Hauptquartier in Vicenza/Italien, 02.02.2016.

Ausrüstung und Ausbildung 4

4.1 Einsatzmittel militärischer und polizeilicher Kräfte

Damit deutet sich das zweite und wahrscheinlich deutlichste Unterscheidungskriterium an: die Einsatzmittel *(material characteristics)*. Während zur polizeilichen Ausrüstung neben nicht-letalen Waffen vor allem Einzelschusswaffen gehören, die keine großflächige Wirkung entfalten, verfügt das Militär über (Groß-)Waffensysteme mit einem erheblichen Zerstörungspotenzial. Nach Jean-Paul Brodeur erstreckt sich polizeiliche Gewaltanwendung über ein Kontinuum. Er beschreibt eine Abfolge von sechs Elementen:

> (1) physische Präsenz, mit ihren verschiedenen Abstufungen bedrohlicher Erscheinung; (2) Verbalisierungen, bis hin zum Befehlston; (3) Neutralisierungsmittel, die nicht gezielt gegen Einzelne eingesetzt werden, wie zum Beispiel Gas; (4) physischer Kontakt – fester Griff, zu Boden bringen, Gefügigmachen durch Schmerz; (5) Impact-Techniken – Wasserwerfer, Polizeiautos, mittelbare Waffen (chemische Keule, elektrische Schock-Waffen, Gummi- und Plastikgeschosse); (6) tödliche Gewalt – Drosselgriffe, Schusswaffen (Brodeur 2002, S. 261).

Im Hinblick auf das Militär folgert er:

> Das Kontinuum der Polizeigewalt endet dort, wo jenes des Militärs beginnt, also bei der todbringenden Gewalt, die eine wachsende Zahl von Todesopfern mit sich bringt (automatisches Gewehr, Geschütz, Panzer … bis hin zu Massenvernichtungswaffen) (Brodeur 2002, S. 261).

© Springer Fachmedien Wiesbaden GmbH 2017
I.-J. Werkner, *Militärische versus polizeiliche Gewalt*, essentials,
DOI 10.1007/978-3-658-17831-4_4

Das zentrale Kennzeichen polizeitypischer Waffen ist die „Kontrollierbarkeit ihrer Wirkungen" (Rachor 2007, S. 690). Diese Waffen sind von geringerer Durchschlagskraft; sie „streuen" nicht und treffen in der Regel auch keine Unbeteiligten. Dazu gehören Schlagstock, Pistole und Revolver. Militärische Waffen hingegen zielen auf die physische Vernichtung des Gegners; die Kontrollierbarkeit ihrer Wirkungen ist nachrangig. Aus der militärischen Bewaffnung und ihrer Anwendung resultiert dann auch das Problem der Kollateralschäden.

In Deutschland sind militärische Waffen im Kriegswaffenkontrollgesetz aufgeführt. Gewehre und Maschinenpistolen, die ebenfalls zum Repertoire der polizeilichen Ausrüstung gehören, fallen unter dieses Gesetz, sind aber – so Frederik Rachor (2007, S. 690) – „keine rein militärischen Waffen, sondern können unter günstigen Bedingungen auch kontrolliert eingesetzt werden". In Deutschland lässt allein das Bundesland Bayern zusätzlich noch den Einsatz von Maschinengewehren und Handgranaten zu. Sie gelten als „besondere Waffen" (Rachor 2007, S. 690) und gehören zu den Kriegswaffen. Über „besondere Waffen" verfügen ebenfalls die Bundespolizei und Spezialeinheiten. So ist auch die neue Antiterroreinheit BFE+ unter anderem mit dem Sturmgewehr G36 ausgestattet. Diese zum Teil militärische Ausstattung (wie vollautomatische Schusswaffen, Handgranaten, Granatwerfer und gepanzerte Fahrzeuge) stellt ein wesentliches Charakteristikum hybrider und paramilitärischer Einheiten dar.

Auch viele der gegenwärtigen Auslandseinsätze erfordern – so Cornelius Friesendorf und Kollegen – eine Anpassung und Flexibilität der Sicherheitskräfte, womit die binäre Unterscheidung zwischen Militär und Polizei auch hinsichtlich der Einsatzmittel verschwimmt:

> Soldaten bekommen nicht-tödliche Waffen, suchen nicht automatisch den Kampf und operieren in kleinen, von ‚strategischen Unteroffizieren' geführten Einheiten (und im Falle militärischer Spezialeinheiten mitunter sogar in Zivilkleidung). Soldaten können dadurch das Gewaltniveau reduzieren und besser zwischen Kombattanten und Nicht-Kombattanten unterscheiden. Die Polizei lernt, mit Waffen größeren Kalibers umzugehen, an Hochrisikoeinsätzen teilzunehmen, in größeren Einheiten innerhalb zentralisierter Kommandostrukturen zu operieren und eng mit dem Militär zusammenzuarbeiten. Polizisten können dadurch das Gewaltniveau erhöhen und gegen militarisierte Gegner vorgehen (Friesendorf et al. 2013, S. 8).

Auch wenn zu einem gewissen Grad Annäherungen erkennbar sind, finden diese ihre Grenzen in der Hochphase eines bewaffneten Konfliktes. Hier erweist sich die Fähigkeit des Militärs, auch in hoch gefährlichen Situationen eingesetzt werden zu können, als Spezifikum gegenüber allen anderen Einsatzkräften. So formulierte es auch der erste Befehlshaber von ISAF:

> When there is a security situation which is as severe as it was in Afghanistan in those days, frankly the security concerns would not allow civilian actors to operate on their own. So they need a security environment in which they can operate. And the military provides that and really no other force can provide that.[1]

Diese Sichtweise wird zugleich von Vertretern der Polizei geteilt:

> Polizei ist eine zivile Verwaltungskomponente. […] Dieses zivile Instrument bedarf eines Mindestmaßes an Befriedung vor Ort. D. h. erst nach dem Ende von Kampfhandlungen und unter Umständen militärisch gewährleisteter Sicherheit kann Polizei beginnen, beim Aufbau ziviler Strukturen zu helfen. Polizei ist nicht geeignet, in akuten militärischen Konfliktsituationen eingesetzt zu werden. Dazu sind wir nicht ausgebildet und nicht ausgerüstet. Der Auftrag der Polizei ist Gefahrenabwehr und Strafverfolgung. Polizei kann insofern aus meiner Sicht nie Ersatz für militärische Mittel der Konfliktbewältigung sein.[2]

Die angespannte Sicherheitslage stellt für internationale Polizeimissionen häufig das größte Problem dar und kann den typisch polizeilichen Zugang – den notwendigen Kontakt zur Bevölkerung – behindern bzw. sogar gänzlich blockieren. So gehört „die Vertretbarkeit des Risikos unter Berücksichtigung der Sicherheitslage im Krisengebiet"[3] auch explizit zu den Kriterien für die Beteiligung Deutschlands an internationalen Polizeimissionen (vgl. auch Lehmann 2013, S. 71).

4.2   Der Stellenwert der Gewaltanwendung in der Ausbildung beider Gewalten

Ein weiteres Unterscheidungskriterium umfasst die Ausbildung der Einsatzkräfte (*educational characteristics*). Aufgaben, Einsatzmittel und Ausbildung befinden sich in einer engen Wechselbeziehung. Im Mittelpunkt der militärischen Ausbildung, speziell in der Grundausbildung – einer Phase, in der die Rekruten militärisch sozialisiert werden sollen –, steht naturgemäß der Umgang mit der Waffe, denn „Ziel dieser Ausbildung ist es, in einem Einsatzfall den Gegner zumindest kampfunfähig zu machen" und das schließt das Erlernen des Tötens

---

[1]Generalmajor John McColl, erster Befehlshaber von ISAF, Interview vom 3. Dezember 2015.

[2]Steffen Russ, Bundeskriminalamt, Interview vom 13. Januar 2016.

[3]Deutscher Bundestag, Drucksache 16/8476 vom 11. März 2008, S. 6. http://dipbt.bundestag.de/dip21/btd/16/084/1608476.pdf. Zugegriffen: 22. Januar 2017.

eines Gegners mit ein (Klein und Kümmel 2012, S. 51). Die sich anschließende Spezialausbildung kann dann aber sehr verschieden verlaufen: Vielfach tritt die Gewaltanwendung in den Hintergrund. Mittlerweile ist ein Großteil der Soldaten in Verwendungen tätig, die weniger militärische, denn zivile Ausbildungselemente erfordern:

> Mehr als drei Viertel aller Soldaten üben militärisch-technische Tätigkeiten in der Instandsetzung oder in der Bedienung von Geräten, die keine Waffen sind, aus. Sie übernehmen Versorgungsfunktionen, arbeiten in der Personal- und Materialverwaltung oder sind im Fernmelde-, Radar-, Sanitäts- oder Nachschubwesen tätig (Klein 2006, S. 182).

Der Militärsoziologe Paul Klein (2006, S. 183) spricht in diesem Kontext von einer „Entprofessionalisierung" und „Verzivilisierung der Streitkräfte". Für einen kleinen Teil der Soldaten dominiert dagegen auch in der Spezialausbildung die Gewaltausübung. Insbesondere mit den Einsätzen in Krisengebiete weltweit verstärkt sich „die Ausbildung zum Kämpfer" (Klein und Kümmel 2012, S. 53).

Auch zur polizeilichen Ausbildung gehört neben breit angelegten strategisch-taktischen, gesellschafts- und rechtswissenschaftlichen Modulen das Training zur Gewaltausübung:

> Ziel einer polizeilichen Ausbildung ist es geradezu, Verletzungs*routinen* zu entwickeln, also einzuüben, wie es ist, unter besonderen Umständen Menschen Schmerzen zuzufügen, ohne dass man selbst in einen emotionalen Ausnahmezustand (Gewaltrausch, Angstschock) gerät (Behr 2012, S. 76, Hervorh. im Original).

Entsprechend der Ausrüstung, die sich in ihrem Umfang und ihrer Intensität deutlich von der des Militärs unterscheidet, nimmt die polizeiliche Waffen- und Schießausbildung jedoch einen weitaus geringeren Stellenwert ein:

> The police are prepared for the use of force, too, but only exceptionally and as a last resort. They are trained to use persuasion first, and treat offenders as citizens and not as enemies. Because of this, and because police officers generally operate in more permissive environments, they are less likely to use lethal force than soldiers (Friesendorf 2012, S. 22).

Die zentrale Herausforderung, die sich sowohl beim Militär als auch bei der Polizei stellt, besteht darin, die Einsatzkräfte so auszubilden, dass sie „gewaltfähig" gemacht werden, ohne „gewaltaffin" zu werden (Behr 2012, S. 70). Das ist ein schmaler Grat zwischen der legitimen Gewaltanwendung zur Aufrechterhaltung der äußeren bzw. inneren Sicherheit und der normativen Basis der Gesellschaft. Die Soziologin Maja Apelt beschreibt diese Gratwanderung für die Streitkräfte:

> Das Militär stellt den legitimen Ort der aus der bürgerlichen Gesellschaft hinausdefinierten Gewaltausübung dar. Es soll die äußere Sicherheit der Bürger garantieren, zugleich grenzt es sich aber durch ein spezifisches Sozialisationsprogramm von der zivilen Gesellschaft ab, in dem es die Ausübung physischer Gewalt vorbereitet und systematisch einübt (Apelt 2006, S. 28).

Rechtliche Rahmenbedingungen 5

5.1 Einsatzlegitimation

Einen weiteren zentralen Unterscheidungspunkt zwischen Militär und Polizei bilden die rechtlichen Rahmenbedingungen (*legal characteristics,* vgl. Tab. 5.1). Nach Art. 2 Ziff. 4 der UN-Charta ist den Staaten die Androhung und Anwendung von Gewalt untersagt. Das Gewaltverbot gilt als elementare Norm des Völkerrechts. Es existieren lediglich zwei Ausnahmen: die individuelle und kollektive Selbstverteidigung nach Art. 51 UN-Charta sowie die Anwendung von kollektiven Zwangsmaßnahmen bei einer Bedrohung oder einem Bruch des Weltfriedens nach Kap. VII UN-Charta. Die internationale Schutzverantwortung (*Responsibility to Protect,* R2P), nicht Bestandteil der UN-Charta, wurde 2005 von der UN-Generalversammlung angenommen und wird seitdem als eine in der Entstehung begriffene Norm verhandelt. Kommt sie zum Tragen, greift Kapitel VII UN-Charta. Dabei kommt dem UN-Sicherheitsrat das legitimierende Gewaltmonopol zu. Abgesehen von der Selbstverteidigung stellt allein der Sicherheitsrat fest, „ob eine Bedrohung oder ein Bruch des Friedens oder eine Angriffshandlung vorliegt" und er allein entscheidet, „welche Maßnahmen aufgrund der Artikel 41 und 42 zu treffen sind, um den Weltfrieden und die internationale Sicherheit zu wahren oder wiederherzustellen" (Art. 39 UN-Charta). Vor diesem Hintergrund bedarf auch jede Friedensmission, will sie für die gesamte internationale Staatengemeinschaft als verbindlich gelten, eines Mandats des UN-Sicherheitsrates (vgl. auch Jaberg 2013; Dreist 2007a, S. 54; 2007c, S. 147). Organisationen wie NATO, EU oder AU können diese Autorität nicht für sich in Anspruch nehmen (Dreist 2007c, S. 148). Nach Art. 48 Abs. 2 UN-Charta kann aber der Sicherheitsrat diese Organisationen als „geeignete Einrichtungen" zur Durchführung seiner beschlossenen Maßnahmen beauftragen.

© Springer Fachmedien Wiesbaden GmbH 2017

I.-J. Werkner, *Militärische versus polizeiliche Gewalt,* essentials,

DOI 10.1007/978-3-658-17831-4_5

Tab. 5.1 Rechtliche Rahmenbedingungen militärischer und polizeilicher Gewaltanwendung in internationalen Friedensmissionen. (Quelle: Eigene Darstellung)

	Militär	Polizei
Handlungslogik	Kampfführung	Rechtserzwingung
	Kombattanten untereinander formal gleichrangig	Prinzip der Über- und Unterordnung
Humanitäres Völkerrecht	Streitkräfte (mit Ausnahme des Sanitäts- und Seelsorgepersonals) besitzen in bewaffneten Konflikten den Kombattantenstatus und damit das Kampfführungsrecht (Art. 43 Abs. 1 und 2 ZP 1)	Gendarmerie- und Polizeikräfte können in bewaffneten Konflikten den Kombattantenstatus innehaben; dies muss den anderen am Konflikt beteiligten Parteien mitgeteilt werden (Art. 43 Abs. 3 ZP 1)
	Gilt nicht in *Peacekeeping*-Einsätzen	Ansonsten keine Geltung und kein Schutz in Kampfhandlungen
Polizeirechtliche Parameter	Möglich, wenn das Mandat den Gewalteinsatz zum Schutz von Zivilisten an das Erfordernis eines „imminent threat" bindet	Prinzipiell Aufrechterhaltung der rechtsstaatlichen, grund- und menschenrechtlichen Bindung
		Bestimmungen zum Gewalteinsatz im Mandat festgeschrieben; bedarf der Zustimmung des betroffenen Territorialstaats
Tötungsverbot	Das humanitäre Völkerrecht erlaubt das Töten des Gegners; nur Schutz von Zivilisten und außer Gefecht befindlichen Kombattanten	Verbot der vorsätzlichen Tötung, das auch bzgl. Rechtsbrecher gilt
	Polizeirechtliches Agieren durch entsprechendes Mandat und RoE aber möglich	Finaler Rettungsschuss als *ultima ratio* und nur zur Abwendung einer unmittelbaren Gefahr Dritter
Verhältnismäßigkeitsprinzip	Ausgleich zwischen der militärischen Notwendigkeit zur Führung von Kampfhandlungen und humanitären Erfordernissen	Ausgleich zwischen der Rechtsdurchsetzung und der Freiheit des Individuums
	↓	↓
	Bezug: Konfliktpartei	Bezug: Individuum
	Makroebene	Mikroebene

Idealtypisch lassen sich zwei Formen von Friedensmissionen unterscheiden: zum einen die *Peace-Enforcement*-Operationen, die im Rahmen des Systems kollektiver Sicherheit nach Art. 42 UN-Charta mit militärischen Zwangsmaßnahmen gegen einen Aggressor vorgehen (z. B. 1991 im Falle des irakischen Angriffs auf Kuwait); zum anderen die klassischen *Peacekeeping*-Operationen, die das Ziel verfolgen, instabile Friedenszustände in stabile zu transformieren (z. B. UNEF I zur Sicherung des Friedens zwischen Ägypten und Israel). Für *Peacekeeping*-Einsätze gelten drei Grundprinzipien: Sie basieren auf der Zustimmung des jeweiligen

Gebietsstaates *(consent);* sie sind unparteiisch gegenüber den Konfliktparteien *(impartiality);* und sie verzichten mit Ausnahme der Selbstverteidigung auf den Gebrauch militärischer Gewalt *(non-use of force).*[1]

Nach dem Völkerrechtler Claus Kreß haben sich mittlerweile beide Formen in einer Weise angenährt, dass „die begriffliche Unterscheidung schwierig wird" (Kreß 2013, S. 4) und sie sich „im Hinblick auf die den Truppen eingeräumten Befugnisse qualitativ nicht mehr voneinander unterscheiden" (Kreß 2013, S. 6).[2] Angesichts der Erfahrungen von Ruanda und Srebrenica forderte der bis heute richtungsweisende Brahimi-Bericht (UN 2000)[3] ein „robustes Peacekeeping" ein, in der Literatur auch als Kap. VI ½ bezeichnet (u. a. Brakemeier und Westphal 2013, S. 231), und fasste dementsprechend auch die Grundprinzipien friedenserhaltender Missionen weiter (vgl. Kreß 2013, S. 11 ff.). Im Hinblick auf die Gewaltanwendung dominieren inzwischen Missionen, die sich nicht mehr nur auf die Selbstverteidigung beschränken, sondern auch die Verteidigung des Mandats umfassen:

> Peacekeepers will refrain from the use of force, except in self-defence and defence of the mandate. With the authorization of the Security Council, the use of force may occur as a tactical measure of last resort in self-defence of UN personnel and property and to defend the mandate. In contexts where the civilian population is at risk, the Security Council may give the mission a mandate to use force to protect the civilian population from imminent threat of physical violence (UN 2012, S. 14).

Das geht deutlich über klassische *Peacekeeping*-Operationen hinaus und kann – abhängig vom konkreten Mandat – polizeiliche wie auch militärische Missionskräfte und -aufträge umfassen.

---

[1]Diese gehen auf den damaligen UN-Generalsekretär Dag Hammarskjöld zurück (Kreß 2013, S. 3).

[2]Im Anschluss an James Sloan (2011, S. 51 ff.) spricht Claus Kreß (2013, S. 4) einerseits von „Quasi-Zwangsmaßnahmen" (die typischerweise mit der Zustimmung des Gebietsstaates erfolgen), andererseits von militarisierten friedenserhaltenden Missionen.

[3]Auch die folgenden Dokumente wie die Capstone-Doctrine (UN 2008) oder auch das Civil Affairs Handbook (UN 2012) folgen dieser Ausrichtung.

5.2　Allgemeiner völkerrechtlicher Kontext

Völkerrechtlich müssen drei Kategorien von Konflikten unterschieden werden: internationale bewaffnete Konflikte, nicht-internationale bewaffnete Konflikte sowie Konflikte unterhalb der Schwelle eines bewaffneten Konflikts. Das humanitäre Völkerrecht kommt ausschließlich in bewaffneten Konflikten zum Tragen. Das lateinische *ius in bello* (Recht im Krieg) und auch der englische Begriff des *Law of Armed Conflict* kommen diesem Tatbestand sehr viel näher als die deutsche Bezeichnung. Volle Anwendung findet es bei internationalen bewaffneten Konflikten; in eingeschränkter Form bei nicht-internationalen bewaffneten Konflikten. Für Einsätze in Situationen unterhalb der Schwelle eines bewaffneten Konflikts fehlt dagegen ein solches „geschlossenes völkerrechtliches Regelwerk" (DGVN 2012). Dort wird „das Maß zulässiger militärischer Gewalt einzig und allein vom Mandat/der Zustimmung des betroffenen Territorialstaates und damit vom durch die Politik formulierten Auftrag für die Operationsdurchführung bestimmt" (Dreist 2007a, S. 48). Die rechtlichen Regelungen lassen sich somit nicht allein auf die Form der Gewaltanwendung (Militär versus Polizei) zurückführen, sondern hängen in erster Linie von der anzuwendenden Kategorie des Konflikts ab. So wie es Konstellationen gibt, in denen militärische Gewaltanwendung nicht dem humanitären Völkerrecht unterliegt, ist dieses auch nicht ausschließlich auf die Streitkräfte beschränkt und kann unter bestimmten Voraussetzungen auch für Polizeikräfte Anwendung finden.

Nähere Regelungen zur Gewaltanwendung in Friedenseinsätzen enthalten die *Rules of Engagement* (RoE). Eine allgemein gültige Begriffsbestimmung existiert nicht; in vielen Definitionen bezeichnen sie Regeln für die militärische Gewaltanwendung in Friedensmissionen (vgl. u. a. Hartmann und Schubert 2009). Die Vereinten Nationen fassen den Begriff weiter. Sie beziehen nicht nur das militärische Personal, sondern auch Gendarmerie- und Polizeikräfte in den Adressatenkreis mit ein:

> Rules of Engagement provide the parameters within which armed military, gendarmerie/civilian police personnel assigned to a United Nations Peacekeeping Operation (UNPKO) may use force (zit. nach Dreist 2007b, S. 108 f.).

Neben der Bestimmung des Adressatenkreises enthalten *Rules of Engagement* den Zweck („may use force") sowie die Voraussetzungen („parameters") der Gewaltanwendung (Dreist 2007b, S. 109). Bei Einsätzen in bewaffneten Konflikten haben RoE häufig die Funktion, das Handlungsspektrum der Streitkräfte und die Möglichkeiten, die sich aus dem humanitären Völkerrecht ergeben, zu beschränken. Bei *Peacekeeping*-Operationen erlauben bzw. konkretisieren sie – unter Vorgabe des Mandats bzw. der Vereinbarungen mit dem Territorialstaat – den Einsatz von Gewalt (Dreist 2007a, S. 47). Da *Rules of Engagement* keine eigenständigen Rechtsquellen darstellen, dürfen sie bestehende völkerrechtliche Regelungen nicht überschreiten. Die Truppen stellenden Staaten formulieren die Richtlinien und Vorgaben für den Einsatz dann noch einmal auf nationaler Ebene; aufgrund spezifischer nationaler Regelungen können sie auch Selbstbeschränkungen vornehmen (Hartmann und Schubert 2009). Damit kommt den *Rules of Engagement* – im Kontext einer zunehmenden Konvergenz kriegs- und polizeirechtlicher Regelungen – eine nicht unerhebliche Bedeutung zu. Dass diese, um eine Gefährdung der Einsatzkräfte durch den Gegner zu vermeiden, als Verschlusssache gelten und nicht öffentlich zugänglich sind (Hartmann und Schubert 2009), schränkt die Transparenz der Friedensmissionen – gerade im Hinblick auf Fragen zu Gewalt- und Zwangsmaßnahmen – deutlich ein.

Zudem stellt sich bei internationalen Friedensmissionen die Frage, wer die Verantwortung für den Einsatz und deren Gewaltanwendung trägt. Das kann variieren: So können nationale Einsatzkräfte durch Organleihe[4] einer internationalen Organisation wie der UNO, EU oder NATO unterstellt werden. Sie unterliegen dann der Führung der jeweiligen Organisation und alle Entscheidungen und Maßnahmen werden auch dieser zugerechnet. Häufig behalten aber – gerade bei robusten Einsätzen – die einzelnen Staaten die letzte Entscheidung über den Einsatz ihrer nationalen Kontingente *(Operational Control);* dann verbleibt auch die Verantwortung für den Gewalteinsatz bei ihnen. Das trifft in der Regel für die deutschen Einsatzkräfte zu, sowohl für die Polizeikontingente als auch für Bundeswehreinsätze (Brakemeier und Westphal 2013, S. 69 f.).

5.3   Gewaltanwendung nach humanitärem Völkerrecht und nationalem Polizeirecht

Das humanitäre Völkerrecht setzt Normen zur Begrenzung der Gewaltanwendung in internationalen (und Mindeststandards in nicht-internationalen) bewaffneten Konflikten. Es kommt also genau dann zur Geltung, wenn ein Verstoß gegen das in der UN-Charta verankerte Gewaltverbot vorliegt. Das humanitäre Völkerrecht

---

[4]Bei einer Organleihe wird das Organ eines Hoheitsträgers für einen anderen Hoheitsträger tätig und tritt dabei nach außen als Organ des entleihenden Hoheitsträgers auf. Eine Organleihe darf nur erfolgen, wenn die rechtsstaatlichen Grundsätze übereinstimmen und ein vergleichbarer Grundrechtsschutz gewährleistet ist (Brakemeier und Westphal 2013, S. 61).

beinhaltet das Kampfführungsrecht, den Schutz von Wehrlosen (Kriegsgefangene, Verwundete) sowie den Schutz der Zivilbevölkerung. Angehörige der Streitkräfte einer am Konflikt beteiligten Partei (mit Ausnahme des Sanitäts- und Seelsorgepersonals) gelten als Kombattanten. Damit verbunden sind weitreichende Rechte: Sie dürfen an Feindseligkeiten teilnehmen und sind berechtigt, den Gegner zu schädigen (das schließt das Töten mit ein); sie dürfen nur wegen Kriegsverbrechen sowie Kampfhandlungen an Nicht-Kombattanten, nicht aber wegen der bloßen Teilnahme an bewaffneten Kampfhandlungen bestraft werden; und als Gefangene der gegnerischen Partei kommt ihnen der Kriegsgefangenenstatus (Recht auf Respekt) zu. Kombattanten unterliegen in ihrem Handeln aber auch Beschränkungen und Standards: Sie müssen als solche erkennbar sein. Es gelten Regeln über zulässige Kampfmittel und -methoden. So dürfen keine Mittel und Methoden der Kriegsführung angewendet werden, die überflüssige Verletzungen und unnötige Leiden hervorrufen. Gegnerische Kombattanten dürfen nicht getötet oder verletzt werden, wenn sie sich bereits ergeben haben bzw. nicht mehr im Kampf befinden. Kranke und Verwundete sind zu schützen. Es besteht ein Verbot der unterschiedslosen Kampfführung. Danach dürfen Zivilisten nicht das Ziel von Angriffen sein und müssen so weit wie möglich geschont werden. Erlaubt sind ausschließlich militärische Ziele. Diese Aufzählung ist bei Weitem nicht vollständig, soll aber zentrale kriegsrechtliche Parameter verdeutlichen.

Polizeiliches Handeln ist in erster Linie staatliches Handeln und damit abhängig von der jeweiligen politischen Ordnung und dem nationalen Recht. In Demokratien, in denen das Rechtsstaatsprinzip verankert ist, unterliegt polizeiliches Handeln dann auch rechtsstaatlichen Grundsätzen; es gelten grund- und menschenrechtliche Standards. Im Auslandseinsatz besteht diese rechtsstaatliche, grund- und menschenrechtliche Bindung fort (Brakemeier und Westphal 2013, S. 88 ff.). Im Auslandseinsatz unterliegen Polizeikräfte – zumindest im Falle der *Operational Control* – einer „doppelten Grundrechtsbindung" (Brakemeier und Westphal 2013, S. 120): So sind sie in der Ausübung hoheitlicher Befugnisse einerseits an die nationalen Grundrechte, andererseits an die des Einsatzlandes gebunden (Brakemeier und Westphal 2013, S. 118 ff.). Agieren Polizeikräfte auch im bewaffneten Konflikt ohne den Kombattantenstatus – wie unter anderem die deutschen Polizeieinheiten – unterliegen sie nicht dem humanitären Völkerrecht und können bei Kampfhandlungen auch nicht seinen Schutz für sich in Anspruch nehmen.[5]

Im Hinblick auf Fragen der polizeilichen Gewaltanwendung sind insbesondere die Bestimmungen zum Schusswaffengebrauch zentral, stellt dieser das

---

[5]Zur Polizei im Auslandseinsatz vgl. auch die Ausführungen bei Mehler (2013).

schärfste Zwangsmittel der Polizei dar. Nach bundesdeutschem Polizeirecht gilt der Schusswaffengebrauch als *Ultima Ratio,* „wenn andere Maßnahmen des unmittelbaren Zwangs erfolglos angewendet worden sind oder offensichtlich keinen Erfolg versprechen" (Rachor 2007, S. 705). Er darf sich nur nach engen Maßgaben gegen einzelne Personen richten: zur Gefahrenabwehr, um die unmittelbar bevorstehende Ausführung oder Fortsetzung eines Verbrechens zu verhindern, aus Anlass der Strafverfolgung und Strafvollstreckung sowie zur Verhinderung der Befreiung aus amtlichem Gewahrsam (Rachor 2007, S. 709 ff.). In diesen Fällen dürfen Personen auch nur angriffs- oder fluchtunfähig gemacht werden (Rachor 2007, S. 721). Ein gezielter Tötungsschuss bzw. der sogenannte „finale Rettungsschuss" ist nur zulässig, um unmittelbare Gefahr von Dritten (im Sinne der Nothilfe) abzuwenden:

> Ein Schuss, der mit an Sicherheit grenzender Wahrscheinlichkeit tödlich wirken wird, ist nur zulässig, wenn er das einzige Mittel zur Abwehr einer gegenwärtigen Lebensgefahr oder der gegenwärtigen Gefahr einer schwerwiegenden Verletzung der körperlichen Unversehrtheit ist (§ 54 Abs. 2 PolG BW).[6]

D. h. auch bei dieser Situation darf der Waffeneinsatz „nicht in der Absicht vorgenommen werden, den Tod des Gewaltobjekts herbeizuführen. Es kann lediglich um seine (notgedrungene) Hinnahme als unvermeidliche kollaterale Konsequenz in Gestalt einer Nebenfolge gehen" (Müller 1998, S. 8). In solchen Fällen besteht eine individuelle Verantwortlichkeit der Polizisten; sie müssen ihr Handeln vor der Staatsanwaltschaft verantworten. Damit sieht das Polizeirecht – zumindest in Demokratien – ein prinzipielles Tötungsverbot vor, das auch für Rechtsbrecher gilt, während das humanitäre Völkerrecht lediglich den Schutz von Nicht-Kombattanten sowie von außer Gefecht befindlichen Kombattanten beinhaltet. Zwar lässt sich mit der Kriegsächtung und dem Gewaltverbot in der UN-Charta auch hier von einem prinzipiellen Tötungsverbot ausgehen. Im Falle des bewaffneten Konflikts *(ius in bello)* tritt die Differenz aber deutlich zutage. Dann ist Töten erlaubt und stellt mehr als eine nur finale Möglichkeit dar.

Kriegs- und polizeirechtliche Parameter der Gewaltanwendung unterliegen auch einer anderen Handlungslogik: Polizeigewalt zur Rechtsdurchsetzung impliziert eine Über- und Unterordnung, wobei einer Seite die Legitimation zur Rechts- und Gehorsamserzwingung zukommt, während die andere Seite zu einem Rechts- und Befehlsgehorsam verpflichtet ist. Gewaltanwendung nach

---

[6]Vergleichbare Paragrafen finden sich auch in den Polizeigesetzen der anderen Bundesländer sowie der Bundespolizei.

kriegsrechtlichen Parametern funktioniert dagegen nach anderen Maximen: Als Ausdruck ihrer Souveränität besitzen Staaten keine Rechte und Pflichten dieser Art; zwischen ihnen herrscht das Prinzip der Gleichordnung. Vor diesem Hintergrund sind dann auch Kombattanten untereinander formal gleichrangig (Müller 1998, S. 8).

Ein weiterer Unterschied besteht in der Anwendung des Verhältnismäßigkeitsgrundsatzes.[7] Dieser hat im kriegsrechtlichen und polizeilichen Kontext unterschiedliche Bedeutungen:

> If the state agent uses force against an individual, in human rights law the effect on the individual him or herself is balanced with the aim of protecting a person against unlawful violence. The action is only proportionate if the smallest amount of force necessary is used. Lethal force is only permissible in very narrow circumstances. In contrast, under international humanitarian law, if a combatant is killed the proportionality principle focuses on the effect to civilians or civilian objects, not on the targeted combatant (Krieger 2007, S. 12).

Handeln nach polizeirechtlichen Parametern unterliegt „einem strengeren Verhältnismäßigkeitsmaßstab als unter dem humanitären Völkerrecht" (Krieger 2010, S. 3). Der Bezugspunkt ist das Individuum: Dementsprechend ist der Einsatz tödlicher Gewalt ausschließlich „zur Abwehr einer konkreten gegenwärtigen Gefahr für höchstrangige Rechtsgüter" (Krieger 2010, S. 2) zulässig.

Auch im humanitären Völkerrecht kommt das Verhältnismäßigkeitsprinzip zum Tragen (u. a. Künzli und Kälin 2014),[8] seine Bezugsgrößen sind aber andere. Das humanitäre Völkerrecht besitzt keinen vorrangig „individualschützenden Charakter", seine Regelungen beziehen sich auf die Makroebene. Es sucht es „einen Ausgleich zwischen der militärischen Notwendigkeit zur Führung der Kampfhandlungen und den humanitären Erfordernissen" (Dreist 2008, S. 129 f.). Das Gebot der Verhältnismäßigkeit ist unter anderem in Art. 35 ZP 1 verankert. Dieser beschränkt die Mittel und Methoden der Kriegsführung. Danach ist es verboten, „Waffen, Geschosse und Material sowie Methoden der Kriegsführung zu verwenden, die geeignet sind, überflüssige Verletzungen oder unnötige Leiden zu

---

[7]Prinzipiell gilt ein Handeln als verhältnismäßig, wenn es 1) einen *legitimen Zweck* verfolgt (Willkürverbot), 2) *geeignet* ist, diesen Zweck zu erreichen bzw. zu fördern, 3) *erforderlich* ist, d. h. es keine für die Belasteten mildere Maßnahmen gibt, die in gleicher Weise geeignet sind, und 4) sich unter Abwägung der betroffenen Rechte, Güter und Interessen als angemessen bzw. als im engeren Sinne verhältnismäßig erweist (Schröder 2015, S. 327).

[8]Demgegenüber vertritt Thorsten Stodiek (2002, S. 43 f.; 2004, S. 71 f.) eine andere Position. Er negiert gänzlich den Verhältnismäßigkeitsgrundsatz beim militärischen Handeln.

verursachen" (Art. 35 Abs. 2 ZP 1), oder „die dazu bestimmt sind oder von denen erwartet werden kann, dass sie ausgedehnte, langanhaltende und schwere Schäden der natürlichen Umwelt verursachen" (Art. 35, Abs. 3 ZP 1). Des Weiteren ist im Kontext des Verbots unterschiedsloser Kampfführung ein Angriff verboten,

> bei dem damit zu rechnen ist, dass er auch Verluste an Menschenleben unter der Zivilbevölkerung, die Verwundung von Zivilpersonen, die Beschädigung ziviler Objekte oder mehrere derartige Folgen zusammen verursacht, die *in keinem Verhältnis zum erwarteten konkreten und unmittelbaren militärischen Vorteil stehen* (Art. 35, Abs. 5 Pkt. B ZP 1, Hervorh. durch Verf.).

Bezugspunkt ist hier – so die Völkerrechtlerin Heike Krieger (2010, S. 3) – der militärische Vorteil einer Konfliktpartei, nicht „der unmittelbare Schutz eines konkreten bedrohten höchstrangigen Individualrechtsgutes". Dieser Zugang kann auch entsprechende Risiken für unbeteiligte Zivilisten bergen, insbesondere in asymmetrischen Konflikten, in denen die Unterscheidung zwischen Kombattanten und Nicht-Kombattanten nicht immer einfach ist. Das Beispiel des von Oberst Georg Klein befehligten Luftangriffs auf zwei von der Taliban entführte Tanklastwagen in Kunduz, bei dem zahlreiche Zivilisten ums Leben kamen, zeigt die damit verbundenen Schwierigkeiten auf (vgl. auch Brakemeier und Westphal 2013, S. 161 f.).

Lässt sich nun aber – so die Frage des Theologen Marco Hofheinz (2015) – die Rechtsbindung der Polizei nicht auch beim Militär ermöglichen? Der Wandel der Streitkräfte und ihre Rolle als *miles protector,* verbunden mit Aufgaben der internationalen Rechtsdurchsetzung, deuten in diese Richtung. Und auch in robusten *Peacekeeping*-Operationen ist der Schutz von Zivilisten mittlerweile zu einem festen Bestandteil der Aufgaben von Streitkräften geworden. Die verfügbaren rechtlichen Regelungen können ein polizeirechtliches Agieren von Streitkräften ermöglichen. Das Missionsmandat muss aber diesen engen Rahmen explizit festschreiben:

> Wenn der Sicherheitsrat den Gewalteinsatz zum Zweck des Schutzes von Zivilisten an das einschränkende Erfordernis eines ‚imminent threat' bindet, ist die Aufgabe nach strikt polizeirechtlichen Prinzipien zu erfüllen, auch wenn das militärische Instrument zum Einsatz kommt. Dann dürfen ‚zivile Begleitschäden' nicht in Kauf genommen werden (Kreß 2013, S. 35).

Ebenso wie Streitkräfte in einem ausschließlich polizeirechtlichen Rahmen agieren können, sieht umgekehrt das humanitäre Völkerrecht auch die Möglichkeit vor, dass Polizeikräfte im bewaffneten Konflikt den Kombattantenstatus erhalten.

Nach Art. 43 Abs. 1 und 2 ZP 1 kann dieser für die „Gesamtheit der organisierten bewaffneten Verbände, Gruppen und Einheiten" und damit auch für Polizeieinheiten zur Anwendung kommen. In diesem Fall ist der Einsatz paramilitärischer oder bewaffneter Vollzugsorgane allerdings den anderen am Konflikt beteiligten Parteien mitzuteilen (Art. 43 Abs. 3 ZP 1). Ein Beispiel hierfür stellt die *European Gendarmerie Force* in Afghanistan dar.

Abschließend betrachtet lässt sich, wie auch schon in den zuvor betrachteten Bereichen, eine zunehmende Konvergenz feststellen. So konstatiert auch Erwin Müller (1998, S. 16): „Die Distanz zwischen Polizei- und Kriegsvölkerrecht hat sich im Zuge der neueren Entwicklungen in bemerkenswerter Weise reduziert, ohne natürlich die beiden Sektoren zur Deckung zu bringen".

Ausblick: Folgen für internationale Friedensmissionen   6

Welche Schlussfolgerungen lassen sich nun aber bezüglich des Ausgangskontextes – der Frage nach der Bedeutung von Polizeikräften in internationalen Friedensmissionen – aus diesen Ergebnissen ziehen? In der Literatur finden sich drei Zugänge: *Ein erster Ansatz* betont die zunehmende Bedeutung internationaler Polizei in der Konfliktbearbeitung (Statebuildung, Förderung von Rechtsstaatlichkeit etc.) und setzt sich für eine Stärkung dieser Komponente ein, konstatiert aber zugleich, dass Polizeikräfte im offenen Konflikt auf die Unterstützung durch das Militär angewiesen seien (Stodiek 2004; S. 119 ff., 428; vgl. auch Lehmann 2013, S. 54). So setzt eine funktionierende Polizei – im Staat wie im internationalen Kontext – ein funktionierendes Gewaltmonopol voraus. Auch wenn die Vereinten Nationen über das Autorisierungsmonopol für die Anwendung von Gewalt verfügen, fehlt ihnen das „possessive Gewaltmonopol" (Jaberg 2013, S. 243), womit globales polizeiliches Handeln stets begrenzt bleibt (vgl. auch Bowling und Sheptycki 2012, S. 9). In der Konsequenz könne auf das militärische Instrument nicht verzichtet werden und müsse in bestimmten Situationen polizeiliches Handeln ergänzen.

Ein zweiter Ansatz sieht die Lösung in hybriden Einheiten wie beispielsweise die *European Gendarmerie Force* (u. a. Bigo 2000, de Weger 2009). So seien – an dieser Stelle organisationssoziologisch argumentiert – die bisherigen Formen der Konfliktbearbeitung wenig geeignet, auf aktuelle Probleme zu reagieren, „da sie sich allzu stark entweder auf sehr dezentrale Ereignisse von Mikroviolenz (Polizei) oder auf Fälle höchst konzentrierter (insbesondere nuklearer) Makroviolenz (Militär) ausgerichtet haben" (Geser 1996, S. 70). Internationale Friedensmissionen seien aber eher mit einer „Mischung aus ‚typisch militärischen' und ‚typisch polizeilichen' Problemlagen konfrontiert, oft mit dem Schwerpunkt auf ‚Mesoviolenz'" (Geser 1996, S. 70). Von daher benötige man Organisationsstrukturen, die in der Lage sind, beiden Anforderungen gerecht zu werden.

© Springer Fachmedien Wiesbaden GmbH 2017   39
I.-J. Werkner, *Militärische versus polizeiliche Gewalt,* essentials,
DOI 10.1007/978-3-658-17831-4_6

Der dritte Zugang setzt beim Begriff der Polizeigewalt an. Als Zwangsgewalt „im Sinne der unparteiischen Abwehr von Gefahren für die öffentliche Sicherheit und Ordnung, zum Schutz von individuellen oder kollektiven Rechtsgütern bzw. zur Durchsetzung eines für die Betroffenen verbindlichen Rechts" (Stodiek 2002, S. 40; vgl. auch Müller 1998, S. 7) zielt Polizeigewalt im internationalen Kontext auf internationale Rechtsdurchsetzung. In diesem Sinne könne Polizeigewalt auch von Streitkräften ausgeübt werden, denn es gehe nicht um bewaffnete Auseinandersetzungen zwischen (gleichrangigen) Staaten, sondern „um einen Akt der Rechtsdurchsetzung per ‚Zwangsvollstreckung' vonseiten einer ‚höherberechtigten' Instanz gegen einen Staat als Mitglied einer Organisation, der er auf der Basis der Freiwilligkeit und nach dem Prinzip des ‚pacta sunt servanda' das entsprechende Recht verbindlich eingeräumt hat" (Müller 1998, S. 7 f.).

Diesen Ansätzen gemeinsam ist die Fokussierung auf die Frage, wie die internationale Gemeinschaft auf einen bewaffneten Konflikt reagieren bzw. wie sie im Nachgang, in der Post-Konfliktphase, den Wiederaufbau staatlicher Strukturen gestalten sollte. Ein *alternativer Zugang* wäre, internationale Polizeikräfte nicht reaktiv, sondern präventiv einzusetzen. Vor einem gewaltsamen Konfliktausbruch könnten diese weitaus effektiver und vor allem auch polizeitypischer (mit einem engen Kontakt zur Bevölkerung) agieren. Insbesondere entginge ein präventives oder zumindest frühzeitiges Vorgehen dem Dilemma, dass polizeiliches Handeln in einem unsicheren Umfeld auf den Schutz durch das Militär angewiesen ist. Denn in einem Punkt – und das belegen auch einhellig die Aussagen der befragten polizeilichen Vertreter[1] – ist Thorsten Stodiek recht zu geben. In seiner Studie zu internationalen Polizeimissionen konstatiert er:

> Bei Konfrontationen mit einem kriegsmäßig ausgerüsteten Gegner scheint jeder Versuch eines polizeirechtlichen Vorgehens mangels Effektivität zum Scheitern verurteilt zu sein. Es wäre zudem illusionär anzunehmen, in solchen Extremfällen die Tötung von Menschen mit ausreichender Wahrscheinlichkeit vermeiden zu können (Stodiek 2004, S. 428).

---

[1]Vgl. Markus Bierschenk, AG Internationale Polizeimissionen, Interview vom 17. Dezember 2015; Bernhard Frevel, AK Empirische Polizeiführung, Interview vom 22. Dezember 2015; Philipp Haynes, EUPOL Afghanistan, Interview vom 17. Januar 2016; Peter Neunteufl, EUPOL Afghanistan, Interview vom 23. Januar 2016; Jörg Radek, Gewerkschaft der Polizei, Interview vom 11. Januar 2016; Steffen Russ, Bundeskriminalamt, Interview vom 13. Januar 2016; Josef Voelker und Peter Pijpers, European External Action Service, Interview vom 16. Dezember 2015; Ernst G. Walter, Bundespolizeigewerkschaft, Interview vom 12. Januar 2016.

Vor diesem Hintergrund ist friedenspolitisch der Fokus darauf zu legen, den Reaktionsmodus in der Konfliktbearbeitung zu überwinden. Auf diese Weise ließe sich – ganz im Sinne der Prozesshaftigkeit des Friedens – die Schwelle der militärischen Ultima Ratio sukzessive verschieben. Ein solcher Weg steht allerdings vor der Herausforderung, Ressourcen verwenden zu müssen, bevor die Politik und die Öffentlichkeit davon überzeugt sind, dass diese auch notwendig sind.[2]

---

[2]So u. a. auch Brigadegeneral Jürgen-Joachim von Sandrart, Interview vom 6. Januar 2016.

Was Sie aus diesem *essential* mitnehmen können

- Entgegen der historisch gewachsenen funktionalen Ausdifferenzierung von Sicherheit sind Tendenzen erkennbar, die äußere und innere Sphäre enger miteinander zu verzahnen.
- Aktuell sind drei Entwicklungen erkennbar: die Konstabulisierung von Streitkräften, der verstärkte internationale Einsatz von Polizeikräften und die Zunahme hybrider Formen von Einsatzkräften.
- Auch rechtlich sind Konvergenzen erkennbar: So ist sowohl ein Agieren des Militärs nach polizeirechtlichen Maßstäben als auch ein polizeiliches Handeln unter militärischem Vorzeichen möglich.
- In internationalen Friedensmissionen ist der Einsatz von Militär und Polizei unter verschiedenen Prämissen vorstellbar. Um die militärische Ultima Ratio sukzessive zu verschieben, ist jedoch in erster Linie der Reaktionsmodus in der Konfliktbearbeitung zu überwinden.

© Springer Fachmedien Wiesbaden GmbH 2017

I.-J. Werkner, *Militärische versus polizeiliche Gewalt,* essentials,

DOI 10.1007/978-3-658-17831-4

Literatur

Aden, Hartmut. 1998. *Polizeipolitik in Europa. Eine interdisziplinäre Studie über die Polizeiarbeit in Europa am Beispiel Deutschlands, Frankreichs und der Niederlande.* Opladen: Westdeutscher Verlag.

Ahlf, Heinrich. 2005. *Fragmentierung von Sicherheit.* Wiesbaden: Bundeskriminalamt.

Apelt, Maja. 2006. Militärische Sozialisation. In *Handbuch Militär und Sozialwissenschaft,* Hrsg. Sven Bernhard von Gareis und Paul Klein, 26–39. Wiesbaden: VS Verlag.

Apelt, Maja, und Andreas Häberle. 2012. Das Paradox des Gewaltmonopols in der Selbstdarstellung von Polizisten. In *Empirische Polizeiforschung XIV: Polizei und Gewalt. Interdisziplinäre Ansätze zu Gewalt gegen und durch Polizeibeamte,* Hrsg. Thomas von Ohlemacher und Jochen-Thomas Werner, 159–176. Frankfurt a. M.: Verlag für Polizeiwissenschaft.

Batthyány, Philipp. 2007. *Zwang als Grundübel in der Gesellschaft? Der Begriff des Zwangs bei Friedrich August von Hayek.* Tübingen: Mohr Siebeck.

Beck, Ulrich. 2007. *Weltrisikogesellschaft.* Frankfurt a. M.: Suhrkamp.

Beck, Ulrich. 2010. *Nachrichten aus der Weltinnenpolitik.* Frankfurt a. M.: Suhrkamp.

Behr, Rafael. 2012. Rechtserhaltende Gewalt als Zentrum polizeilicher Organisationskultur? In *Gewalt und Gewalten,* Hrsg. Torsten von Meireis, 69–89. Tübingen: Mohr Siebeck.

Bigo, Didier. 2000. When two become one. Internal and external securitisations in Europe. In *International relations theory and the politics of European integration. Power, security and community,* Hrsg. Morten von Kelstrup und Michael Williams, 171–204. London: Routledge.

Boldt, Hans, und Michael Stolleis. 2007. Geschichte der Polizei in Deutschland. In *Handbuch des Polizeirechts. Gefahrenabwehr – Strafverfolgung – Rechtsschutz,* 4. Aufl., Hrsg. Hans von Lisken und Erhard Denninger, 2–43. München: Beck.

Bonacker, Thorsten, und Peter Imbusch . 2006. Zentrale Begriffe der Friedens- und Konfliktforschung: Konflikt, Gewalt, Krieg, Frieden. In *Friedens- und Konfliktforschung. Eine Einführung,* 4. überarb. Aufl., Hrsg. Peter von Imbusch und Ralf Zoll, 67–142. Wiesbaden: VS Verlag.

Bowling, Ben, und James Sheptycki. 2012. *Global policing.* London: Sage.

Brakemeier, Sabine, und Volker Westphal. 2013. *Rechtsgrundlagen für Auslandseinsätze der Bundespolizei. Grundlagen und Einsatzbereiche.* Brühl: Fachhochschule des Bundes für öffentliche Verwaltung.

© Springer Fachmedien Wiesbaden GmbH 2017

I.-J. Werkner, *Militärische versus polizeiliche Gewalt,* essentials,
DOI 10.1007/978-3-658-17831-4

Brandt, Georg. 2015. Soziologie und Gewalt der Polizei. Überlegungen zum Verhältnis des Fachs Soziologie im Hochschulstudium der Polizei zur Gewalt. In *Soziologie und Polizei. Zur soziologischen Beschäftigung mit und für die Polizei*, Hrsg. Carsten von Stark, 9–18. Norderstedt: Books on Demand.

Brodeur, Jean-Paul. 2002. Gewalt und Polizei. In *Internationales Handbuch der Gewaltforschung*, Hrsg. Wilhelm von Heitmeyer und John Hagan, 259–283. Wiesbaden: Westdeutscher Verlag.

Conze, Werner. 1984. Sicherheit, Schutz. In *Geschichtliche Grundbegriffe. Historisches Lexikon zur politisch-sozialen Sprache in Deutschland*, Bd. 5, Hrsg. Otto von Brunner, Werner Conze, und Reinhart Koselleck, 831–862. Stuttgart: Klett-Cotta.

Däniker, Gustav. 1992. *Wende Golfkrieg. Vom Wesen und Gebrauch künftiger Streitkräfte*. Frankfurt a. M.: Report-Verlag.

De Weger, Michiel. 2009. *The potential of the European Gendarmerie Force*. Clingendael: Netherlands Institute of International Relations.

Denkowski, Charles A. 2008. Herausforderung des 21. Jahrhunderts: Schutz des Staates im asymmetrischen Konflikt. In *Globaler Terrorismus und Europa. Stellungnahmen zur Internationalisierung des Terrors*, Hrsg. Peter von Nitschke, 147–170. Wiesbaden: VS Verlag.

Denninger, Erhard. 2007. Polizeiaufgaben. In *Handbuch des Polizeirechts. Gefahrenabwehr – Strafverfolgung – Rechtsschutz*, 4. Aufl., Hrsg. Hans von Lisken und Erhard Denninger, 299–397. München: Beck.

Deutsche Gesellschaft für die Vereinten Nationen (DGVN). 2012. Menschenrechte und Friedensmissionen. http://frieden-sichern.dgvn.de/meldung/menschenrechte-in-un-friedensmissionen/. Zugegriffen: 22. Jan. 2017.

Dreist, Peter. 2007a. Rules of Engagement in multinationalen Operationen – ausgewählte Grundsatzfragen. Teil 1. *Neue Zeitschrift für Wehrrecht* 49 (2): 45–60.

Dreist, Peter. 2007b. Rules of Engagement in multinationalen Operationen – ausgewählte Grundsatzfragen. Teil 2. *Neue Zeitschrift für Wehrrecht* 49 (3): 99–115.

Dreist, Peter. 2007c. Rules of Engagement in multinationalen Operationen – ausgewählte Grundsatzfragen. Teil 3. *Neue Zeitschrift für Wehrrecht* 49 (4): 146–151.

Dreist, Peter. 2008. Rules of engagement in NATO-operationen. *Unterrichtsblätter für die Bundeswehrverwaltung* 47 (4): 129–139.

Ebeling, Klaus. 2006. *Militär und Ethik. Moral- und militärkritische Reflexionen zum Selbstverständnis der Bundeswehr*. Stuttgart: Kohlhammer.

Elbe, Martin, und Gregor Richter. 2012. Militär: Institution und Organisation. In *Militärsoziologie – Eine Einführung*, 2. Aufl., Hrsg. Nina von Leonhard und Ines-Jacqueline Werkner, 244–263. Wiesbaden: VS Verlag.

Endreß, Martin, und Benjamin Rampp. 2017. Die friedensethische Bedeutung der Kategorie Gewalt. In *Handbuch Friedensethik*, Hrsg. Ines-Jacqueline von Werkner und Klaus Ebeling, 163–173. Wiesbaden: Springer VS.

Enns, Fernando. 2013. Gerechter Frieden zwischen Interventionsverbot und Schutzgebot. Das ethische Dilemma der Gewaltanwendung. In *Menschen geschützt – gerechten Frieden verloren? Kontroversen um die internationale Schutzverantwortung in der christlichen Friedensethik*, Hrsg. Ines-Jacqueline von Werkner und Dirk Rademacher, 95–109. Münster: LIT.

Evangelische Kirche in Baden (EKiBa), Hrsg. 2013. *„Richte unsere Füße auf den Weg des Friedens" – ein Diskussionsbeitrag aus der Evangelischen Landeskirche in Baden*. Karlsruhe: EKiBa.

Evangelische Kirche in Deutschland (EKD), Hrsg. 2007. *Aus Gottes Frieden leben – für gerechten Frieden sorgen. Eine Denkschrift des Rates der Evangelischen Kirche in Deutschland*. Gütersloh: Gütersloher Verlagshaus.

Faber, Karl-Georg, Karl-Heinz Ilting, und Christian Meier. 1982. Macht, Gewalt. In *Geschichtliche Grundbegriffe*, Bd. 3, Hrsg. Otto von Brunner, Werner Conze, und Reinhard Koselleck, 817–935. Stuttgart: Klett-Cotta.

Friesendorf, Cornelius. 2012. *International intervention and the use of force: Military and police roles*. Genf: DCAF.

Friesendorf, Cornelius, Daase Christopher, und Thomas Müller. 2013. *Flexible Sicherheitskräfte für Auslandseinsätze. Afghanistan und die Grenzen deutscher Sicherheitspolitik. HSFK-Report 1/2013*. Frankfurt a. M.: HSFK.

Fukuyama, Francis. 1992. *Das Ende der Geschichte. Wo stehen wir?* Berlin: Kindler.

Funk, Albrecht. 1986. *Polizei und Rechtsstaat. Die Entwicklung des staatlichen Gewaltmonopols in Preußen 1848–1914*. Frankfurt a. M.: Campus.

Galtung, Johan. 1975. *Strukturelle Gewalt. Beiträge zur Friedens- und Konfliktforschung*. Reinbek: Rowohlt.

Galtung, Johan. 2007. *Frieden mit friedlichen Mitteln. Friede und Konflikt, Entwicklung und Kultur*. Münster: agenda.

Gareis, Sven Bernhard, Karl Haltiner, und Paul Klein. 2006. Strukturprinzipien und Organisationsmerkmale von Streitkräften. In *Handbuch Militär und Sozialwissenschaft*, 2. Aufl., Hrsg. Sven Bernhard von Gareis und Paul Klein, 14–25. Wiesbaden: VS Verlag.

Gerhardt, Volker. 1999. Gewalt. In *Metzler Philosophie Lexikon*, Hrsg. Peter von Prechtl und Franz-Peter Burkhard, 211–212. Stuttgart: Metzler.

Geser, Hans. 1983. Soziologische Aspekte der Organisationsformen in der Armee und in der Wirtschaft. In *Militär, Krieg, Gesellschaft. Texte zur Militärsoziologie*, Hrsg. Günther von Wachtler, 140–164. Frankfurt a. M.: Campus.

Geser, Hans. 1996. Internationale Polizeiaktionen: Ein neues evolutionäres Entwicklungsstadium militärischer Organisationen? In *Friedensengel im Kampfanzug? Zu Theorie und Praxis militärischer UN-Einsätze*, Hrsg. Georg-Maria von Meyer, 45–74. Opladen: Westdeutscher Verlag.

Goffman, Erving. 1961. *Asylums: Essays on the social situation of mental patients and other inmates*. New York: Anchor Books.

Gros, Frédéric. 2015. *Die Politisierung der Sicherheit. Vom inneren Frieden zur äußeren Bedrohung*. Berlin: Matthes & Seitz.

Haltiner, Karl. 2003. Erfordern neue Militäraufgaben neue Militärstrukturen? In *Krieg, Konflikt und Gesellschaft*, Hrsg. Sabine von Collmer, 159–186. Hamburg: Kovač.

Haltiner, Karl. 2006. Vom Landesverteidiger zum militärischen Ordnungshüter. In *Handbuch Militär und Sozialwissenschaft*, Hrsg. Sven Bernhard von Gareis und Paul Klein, 2. Aufl., 518–526. Wiesbaden: VS Verlag.

Hansen, Annika S. 2002. *From Congo to Kosovo: Civilian police in peace operations*. London: Routledge (for the International Institute for Strategic Studies).

Hartmann, Uwe, und A. Schubert. 2009. *Aktueller Begriff: „Rules of Engagement" und die Taschenkarten der Bundeswehr.* Berlin: Wissenschaftliche Dienste des Deutschen Bundestages.

Heinrich, Stephan, und Hans-Jürgen Lange. 2009. Erweiterung des Sicherheitsbegriffs. In *Auf der Suche nach neuer Sicherheit. Fakten, Theorien und Folgen*, 2. Aufl., Hrsg. Hans-Jürgen von Lange, H. Peter Ohly, und Jo Reichertz, 253–268. Wiesbaden: VS Verlag.

Hobbes, Thomas. 2007. *Leviathan.* Stuttgart: Reclam (Erstveröffentlichung 1651).

Hofheinz, Marco. 2015. Gewalt und Gewalten im Kontext von Barmen V. Eine friedensethische Annäherung an das „Just Policing". Unveröffentlichtes Vortragsmanuskript.

Holmqvist, Caroline. 2014. *Policing wars. On military intervention in the twenty-first century.* Basingstoke: Palgrave Macmillan.

ICISS. 2001. *The responsibility to protect. Report of the international commission on intervention and state sovereignty.* Ottawa: International Development Research Centre.

Imbusch, Peter. 2002. Der Gewaltbegriff. In *Internationales Handbuch der Gewaltforschung*, Hrsg. Wilhelm von Heitmeyer und John Hagan, 26–57. Wiesbaden: Westdeutscher Verlag.

Jaberg, Sabine. 2013. Responsibility to Protect. Baustein der Weltinnenpolitik oder Humanitäre Intervention in neuem Gewand? In *Die Humanitäre Intervention in der ethischen Beurteilung*, Hrsg. Hubertus von Busche und Daniel Schubbe, 239–265. Tübingen: Mohr Siebeck.

Janowitz, Morris. 1971. *The professional soldier. A social and political portrait.* New York: Free Press.

Kaldor, Mary. 2000. *Neue und alte Kriege.* Frankfurt a. M.: Suhrkamp.

Kauffman, Ivan J. 2004. *Just policing: Mennonite-Catholic theological colloquium 2002.* Kitchener: Pandora Press.

Klein, Paul. 2006. Soldat und ziviler Beruf. In *Handbuch Militär und Sozialwissenschaft*, 2. Aufl., Hrsg. Sven Bernhard von Gareis und Paul Klein, 182–189. Wiesbaden: VS Verlag.

Klein, Paul, und Gerhard Kümmel. 2012. Zwischen Rechtserhaltung und Nicht-Rechtserhaltung: Gewalt als Wesensmerkmal militärischer Organisationen. In *Gewalt und Gewalten*, Hrsg. Torsten von Meireis, 49–68. Tübingen: Mohr Siebeck.

Kreß, Claus. 2013. *Friedensmissionen unter einem Mandat der Vereinten Nationen und Menschenrechte. Kurzstellungnahme im Rahmen der Öffentlichen Anhörung des Bundestagsausschusses für Menschenrechte und Humanitäre Hilfe.* Norderstedt: Books on Demand.

Krieger, Heike. 2007. Conflict of Norms: The Relationsship between Humanitarian Law and Human Rights Law in the ICRC Customary Law Study. Berliner Online-Beiträge zum Völker- und Verfassungsrecht. http://www.jura.fu-berlin.de/fachbereich/einrichtungen/oeffentliches-recht/lehrende/kriegerh/dokumente/berliner_online_beitraege_krieger.pdf. Zugegriffen: 22. Jan. 2017.

Krieger, Heike. 2010. Deutschland im asymmetrischen Konflikt: Kriegsrechtliche Grenzen der Anwendung militärischer Gewalt gegen Taliban-Kämpfer in Afghanistan. Berliner Online-Beiträge zum Völker- und Verfassungsrecht. http://www.jura.fu-berlin.de/fachbereich/einrichtungen/oeffentliches-recht/lehrende/kriegerh/berliner_online_beitraege/Nr2-10_Krieger/Krieger__asymmetrischer_Konflikt.pdf. Zugegriffen: 22. Jan. 2017.

Kümmel, Gerhard. 2006. Militärische Aufträge und die Legitimation der Streitkräfte. In *Handbuch Militär und Sozialwissenschaft*, 2. Aufl., Hrsg. Sven Bernhard von Gareis und Paul Klein, 104–111. Wiesbaden: VS Verlag.

Kümmel, Gerhard. 2012. Die Hybridisierung der Streitkräfte: Militärische Aufgaben im Wandel. In *Militärsoziologie – Eine Einführung*, 2. Aufl, Hrsg. Nina Leonhard von Gareis und Ines-Jacqueline Werkner, 117–138. Wiesbaden: VS Verlag.

Kümmel, Gerhard, und Paul Klein. 2002. Gewalt im Militär. In *Internationales Handbuch der Gewaltforschung*, Hrsg. Wilhelm von Heitmeyer und John Hagan, 215–234. Wiesbaden: Westdeutscher Verlag.

Künzli, Jörg, und Walter Kälin. 2014. Das Verhältnismäßigkeitsprinzip als Bestandteil des zwingenden Völkerrechts? Gedanken zu Art. 139 Abs. 3 BV. Jusletter next. http://www.humanrights.ch/upload/pdf/140623_Jusletter_Verhaeltnismaessigkeit.pdf. Zugegriffen. 22. Jan. 2017.

Lehmann, Lena. 2013. *Ausbildung der Ausbilder. Die Vorbereitung der deutschen Polizei auf Auslandseinsätze am Beispiel der Afghanistan-Mission.* Frankfurt a. M.: Verlag für Polizeiwissenschaft.

Luhmann, Niklas. 1998. Der Staat des politischen Systems. In *Perspektiven der Weltgesellschaft*, Hrsg. Ulrich von Beck, 345–380. Frankfurt a. M.: Suhrkamp.

Lutterbeck, Derek. 2013. *The paradox of gendarmeries: Between expansion, demilitarization and dissolution.* Geneva: DFAF.

Mehler, Adrian. 2013. Polizei im Auslandseinsatz. Dissertation an der Juristischen Fakultät der Universität Tübingen.

Meßelken, Daniel. 2012. *Gerechte Gewalt? Zum Begriff interpersonaler Gewalt und ihrer moralischen Bewertung.* Paderborn: mentis.

Müller, Erwin. 1998. Internationale Polizei: Prinzip und Konzept. *Sicherheit und Frieden* 16 (1): 5–18.

Müller, Harald. 2003. Begriff, Theorien und Praxis des Friedens. In *Die neuen Internationalen Beziehungen. Forschungsstand und Perspektiven in Deutschland*, Hrsg. Gunther von Hellmann, Klaus Dieter Wolf, und Michael Zürn, 209–250. Baden-Baden: Nomos.

Münkler, Herfried. 1994. *Politische Bilder. Politik der Metaphern.* Frankfurt a. M.: Fischer.

Münkler, Herfried. 2002. *Die neuen Kriege.* Reinbek: Rowohlt.

Neidhardt, Friedhelm. 1986. Gewalt – Soziale Bedeutungen und sozialwissenschaftliche Bestimmungen eines Begriffs. In *Was ist Gewalt? Auseinandersetzungen mit einem Begriff*, Bd. 1, Hrsg. Bundeskriminalamt vom, 109–147. Wiesbaden: BKA.

Ökumenischer Rat der Kirchen. 2006. *Gefährdete Bevölkerungsgruppen: Erklärung zur Schutzpflicht.* Porte Alegre: ÖRK.

Rachor, Frederik. 2007. Das Polizeihandeln. In *Handbuch des Polizeirechts. Gefahrenabwehr – Strafverfolgung – Rechtsschutz*, 4. Aufl., Hrsg. Hans von Lisken und Erhard Denninger, 409–731. München: Beck.

Reinhard, Wolfgang. 1999. *Geschichte der Staatsgewalt. Eine vergleichende Verfassungsgeschichte Europas von den Anfängen bis zur Gegenwart.* München: Beck.

Saner, Hans. 1982. Personale, strukturale und symbolische Gewalt. In *Hoffnung und Gewalt. Zur Ferne des Friedens*, Hrsg. Hans von Saner, 73–95. Basel: Lenos.

Schiewek, Werner. 2012. Hat die Polizei ‚Feinde'? Die ‚Freund-Feind-Unterscheidung' und die polizeiliche Arbeit. In *Gewalt und Gewalten*, Hrsg. Torsten von Meireis, 91–111. Tübingen: Mohr Siebeck.

Schlabach, Gerald W. Hrsg. 2007. *Just policing, not war. an alternative response to world violence*. Minnesota: Liturgical Press.

Schlabach, Gerald W. 2011. „Just Policing" – die Frage nach der (De-)Legitimierung des Krieges muss nicht kirchentrennend bleiben. Lernerfahrungen aus dem mennonitisch-katholischen Dialog. *Ökumenische Rundschau* 1:66–79.

Schmidl, Erwin A. 2011. Polizeiaufgaben im Rahmen internationaler Einsätze. In *Auslandseinsätze der Polizei: Eine Studie des Bundesministeriums für Inneres*, Hrsg. Österreichischen Bundesministerium für Inneres vom, 13–134. Wien: LIT.

Schröder, Ulrich Jan. 2015. Der Verhältnismäßigkeitsgrundsatz. *Ad Legendum* 4:327–333.

Sloan, James. 2011. *The militarisation of peacekeeping in the twenty-first century*. Oxford: Hart.

Stodiek, Thorsten. 2002. Internationale Polizei als Alternative zur militärischen Konfliktbearbeitung. In *Internationale Polizei – Eine Alternative zur militärischen Konfliktbearbeitung*, Hrsg. Hermann von Düringer und Horst Scheffler, 39–64. Frankfurt a. M.: Haag + Herchen Verlag.

Stodiek, Thorsten. 2004. *Internationale Polizei. Ein empirisch fundiertes Konzept der zivilen Konfliktbearbeitung*. Baden-Baden: Nomos.

United Nations. 2000. *Brahimi Bericht. A/55/305 – S/2000/809*. New York: United Nations.

United Nations. 2008. United Nations peacekeeping operations. Principles and guidelines. New York: United Nations. http://www.un.org/en/peacekeeping/documents/capstone_eng.pdf. Zugegriffen: 22. Jan. 2017.

United Nations. 2010. Formed police units in United Nations peacekeeping operations. http://www.un.org/en/peacekeeping/sites/police/documents/formed_police_unit_policy_032010.pdf. Zugegriffen: 22. Jan. 2017.

United Nations. 2012. *Civilian afairs handbook*. New York: United Nations. http://www.un.org/en/peacekeeping/documents/civilhandbook/Civil_Affairs_Handbook.pdf. Zugegriffen: 22. Jan. 2017.

United Nations. 2016. UN Missions summary of military and police. Month of Report 31. Jan. 2016. http://www.un.org/en/peacekeeping/contributors/2016/aug16_6.pdf. Zugegriffen: 22. Jan. 2017.

Vogt, Wolfgang R. 1992. Militär – Eine Institution auf der Suche nach Legitimation. Zur Debatte über die zukünftigen Funktionen militärischer Macht im Prozeß der Friedenssicherung und -gestaltung. In *Die Zukunft der Streitkräfte angesichts weltweiter Abrüstungsbemühungen*, Hrsg. Gerd von Kaldrack und Paul Klein, 9–40. Baden-Baden: Nomos.

Wachtler, Günther. 1988. Stichwort: Militär. In *Frieden. Ein Handwörterbuch*, Hrsg. Ekkehard von Lippert und Günther Wachtler, 266–277. Opladen: Westdeutscher Verlag.

Waldmann, Peter. 1995. Politik und Gewalt. In *Lexikon der Politik*, Hrsg. Dieter von Nohlen und Rainer-Olaf Schultze. *Politische Theorien*, Bd. 1, 430–435. München: Beck.

Weber, Max. 1985. *Wirtschaft und Gesellschaft*. 5. Aufl. Tübingen: Mohr (Erstveröffentlichung 1922).

Werkner, Ines-Jacqueline. 2011. Die Verflechtung innerer und äußerer Sicherheit. Aktuelle Tendenzen in Deutschland im Lichte europäischer Entwicklungen. *Zeitschrift für Außen- und Sicherheitspolitik* 4 (1): 65–87.

Winter, Martin. 1998. *Politikum Polizei. Macht und Funktion der Polizei in der Bundesrepublik Deutschland*. Münster: LIT.

Zentrum für Transformation der Bundeswehr. 2008. Abschlussbericht zum Workshop „Innere und Äußere Sicherheit" – Einordnung und Zielvorgabe. In *Innere und Äußere Sicherheit*, Hrsg. Roland von Kaestner und Aandreas Kessler, 14–16. München: IAP Publizistische Gesellschaft für Politik und Zeitgeschehen.
Zimmermann, Doron. 2005. Between minimum force and maximum Violence: Combating political violence movements with third-force options. *Connection* 4 (1): 43–60.

„Zum Weiterlesen"

Düringer, Hermann und Horst Scheffler, Hrsg. 2002. *Internationale Polizei – Eine Alternative zur militärischen Konfliktbearbeitung*. Frankfurt a. M.: Haag + Herchen Verlag.
Heitmeyer, Wilhelm und John Hagan, Hrsg. 2002. *Internationales Handbuch der Gewaltforschung*. Wiesbaden: Westdeutscher Verlag.
Meireis, Torsten, Hrsg. 2012. *Gewalt und Gewalten*. Tübingen: Mohr Siebeck.